네가 기억하지 못할 것들에 대하여

네가 기억하지 못할 것들에 대하여

정석희 지음

황소자리

| 프롤로그 |

네가 기억하지 못할 것들에 대하여

2006년 3월이었다. 작은딸이 제 엄마에게 임신 사실을 알려왔다. 적지 않은 나이라 은근히 걱정했는데, 바로 삼신할머니의 점지를 받은 것이다. 그로부터 채 두 달이 못 되는 5월에는 큰딸이 좋은 소식을 알려왔다. 딸 둘을 연이어 결혼시킨 것도 기쁜 일이었지만, 만혼 직후의 임신 소식들은 더욱 기뻤다. 드디어 기다리고 기다리던 손주를 보게 되었다는 사실은 마음에 미처 예측하지 못했던 감동을 불러일으켰다. 거기에는 자식의 잉태와 출산과는 확연히 구분되는, 그윽하고 평화로운 설렘이 있었다.

그해 11월에 첫 손자이자 작은딸의 아들인 도헌이 태어났다. 이듬해 1월에는 두 번째 손자이자 큰딸의 아들인 경모가 태어났다. 어쩌다보니 우리는 이 50일 터울의 두 녀석을 쌍둥이처럼 함께 맡아 키우게 되었다. 아니, 정확히는 아내가 두 녀석을 맡기로 한 것이다. 나는 어차피 보조적인 역할이니 결정권은 아내에게 있었다. 손자는 절대로 안 키워주겠다던 평소 지론과 달리, 아내는 막상 손자들과 대면하자마자 흠뻑 빠져버렸다. 이 아이들을 키우지 않겠다고는 상상조차 하지 않는 것 같았다. 그리하여 아내와 같이 사는, 아니 아내에게 얹혀 사는 나는 어쩔 수 없이 이 고행에 참여하게 되었다.

'외손자를 봐주느니 파밭을 맨다.'는 옛말이 있다. 내다팔기 위해 대량으로 파 농사를 짓게 된 것은 비교적 최근의 일이다. 예전에 파는 그냥 조금씩 양념으로 쓰자고, 집 근처 텃밭이나 밭 언저리를 조그맣게 일구어서 다른 채마와 함께 가꾸었다. 외손자를 기르는 것은 그런 대수롭지 않은 일에 빗대졌다. 이와 비슷하게 '외손자를 귀애하느니 방아깨비를 귀애하지.'라는 속담도 있다. 우리 어릴 적 여름날에 아이들은 장난감 삼아 방아깨비를 잡아서 가지고 놀곤 했다. 메뚜기의 사촌쯤 되는 이놈은 뒷다리가 특히 긴데, 그 뒷다리를 붙잡고 있으면 관절을 연신 움직여서 몸통을 방앗간의 절굿공이처럼 아래위로 깡충거린다. 도망치려는 필사의 몸부림이다. 그러다 잠시 손가락이 헐거워지면 방아깨비는 순식간에 달아나버리고 만다. 외손자란 아무리 귀애해도 결국 제 친가 쪽으로 도망가고 만다는 뜻이다.

이런 속담들은 '딸자식은 출가외인'이라는 강력한 언명에 따르는 야속함에 외손자를 함께 끼워넣은 셈이다. 외손을 파밭이나 방아깨비에 빗댄 비하는 무심이나 경멸의 감정이 아니라, 주는 정에 못 미치는 오는 정에 대한 경계와 절제이며 한편으로는 어쩔 수 없는 그리움에 대한 반어법일 것이다.

　세상이 바뀌어 삶의 모습도 기준도 달라졌다. 아들과 딸의 차별이 없어진 것은 물론이고, 오히려 '아들보다 딸이 더 좋다.' 라는 말이 새로운 속담이 된 지경이다. 명절이면 아들들이 모여 차례만 지내고 곧바로 아내의 친정으로 헤쳐모이는 것이 시류가 되었다. 그렇다고 이런 변화가 외가의 위상이 높아져서 친가를 대신할 정도가 되었다거나 외손자들과의 사이가 더 돈독해졌다는 것을 의미하지는 않는다고 생각한다. 오히려 전반적으로 가족 간의 연대는 느슨해지고 있다고 보는 게 정확할 것이다. 만연한 개인주의 때문에 모두가 홀로임을 당연시 한다. 불편하고 비용이 많이 든다며 아이를 낳고 기르는 것까지 꺼리기에 이르렀다. 그러니 요즘 자식은 물론이고 언감생심 손자에게 노후의 복지나 사후 관리까지 기대하는 숙맥은 없다. 그러므로 내가 외손자들의 육아에 가담한 것도 외가의 세를 과시하거나 뭔가 대가를 바라서는 전혀 아니었다.

　그것은 오직 '내리사랑' 이라고밖에는 일컬을 수 없는, 나도 모르게 내 안에 웅크리고 있었던, 제어불능의 끌림 때문이었다고 해야 옳겠다. 부모가 모두 밖에서 일을 해야 하니 가장 따뜻한 품에서 떨쳐내어질 어린 생명들을 누군가는 거두고 보듬어야 했다. 생판 모르는 남도 사랑과 정성으로 아이들을 돌볼 수 있음을 모르는 바는 아니었으

"너희가 있어 나는 늘그막에 티 없는 교감과 순수한 헌신의 기쁨을 누렸다."

나, 그것이 피를 이은 가족만 할까 하는 당연한 생각이 솟구쳤다. 불행인지 다행인지 나에게는 손바닥만한 파밭 한 떼기도 없었고, 방아깨비를 대신할 장난감도 없었다. 외할아버지의 '육아 가담기'는 이처럼 별 기대 없이 담담하고도 당연하게 시작되었다.

본래 아이 키우기 자체가 자랑할 만한 일이 아닌 것은 나도 안다. 다들 아이는 낳아 키우는 것이다. 그럼에도 불구하고 이런 얘기를 구구절절 꺼내놓는 것은 내게는 몹시 자랑할 만한 일이 되었기 때문이다. 나에게 외손자 둘을 돌보는 지난 몇 년은 노년에 뜻하지 않게 찾아온 파릇한 봄이었다. 이 아이들이 있어서 귀중한 사색과 티 없는 교감으로 충만했고, 순수한 헌신의 기쁨을 누렸다. 나 아닌 타인의 삶에 대한 애틋한 관심이 솟아났다. 마음껏 사랑해도 되는 대상이 생겼다. 오랜만에 사는 게 사는 것 같았다. 저녁 해가 더 빨리 떨어지는 것처럼 나의 남은 세월이 질주하며 내는 굉음에 익숙해진 지금, 아이들이 시들어가던 나를 구해준 셈이었다. 내 인생이 다 저물기 전에 이처럼 아이들의 시작과 내 삶의 끄트머리가 겹쳐질 기회가 주어졌으니, 이것이 축복 아니면 무엇이랴.

처음부터 그게 축복인 줄 알았느냐고 묻는다면 그건 정말 아니었다. 나는 몸을 부지런히 놀리는 편도 아니고, 집안일을 잘 하는 편은 더더욱 아니다. 게다가 내 동년배들 대부분이 그렇듯이 평생 동안 아이를 돌보고 키우는 일은 아내의 몫이었고, 줄줄이 낳아놓은 4남매는 실상 어떻게 크는 줄 모르는 사이에 커버렸다. 내가 아이 키우는 일에 서툴 것은 뻔했다. 게다가 나의 친구며 지인들은 처음에 쌍수를 들고 말리더니 결국 일이 그리 된 것을 알고는 나의 처지를 몹시 딱하게 여겼다. 그때마다 일일이 상황을 설명하는 것이 구차하게 느껴졌고, '나도 결국 늙어서 애나 보게 되었구나.' 하는 자괴감이 밀려오는 순간도 있었다. 어떤 명분을 내세워도 별 볼일 없는 사람에게 흔히 던지곤 하던, "집에서 애나 보시지."라는 악담의 환청을 극복하기 쉽지 않았다.

한편에서는 아이 키우는 것을 질겁하고, 다른 한편에서는 아주 한가롭고 쉬운 일인 것처럼 얘기한다. 하루는 어느 신문의 독자투고란을 읽다가 몹시 화가 난 적이 있었다. '노인들이 아이들을 슬슬 보면서 텃밭을 가꾸어도 좋고…….' 하는 대목에서였다. 맙소사! 애를 슬슬 보다니. 물론 나도 아이는 그냥 크는 줄 알던 때가 있었다. 그런데 막상 해보니 아이 키우는 일에 '슬슬'이란 수식어는 결코 맞지 않았다. 그야말로 매일매일 전쟁을 치르는 것 같았다. 체력의 한계에 달하는 적도 있었고, 신경의 끈을 놓아버리고 싶은 적도 있었다. 어려워서 기피하는 일인지, 쉬워서 하찮은 일인지는 알 수 없었지만 분명히 심각한 오해가 있다는 사실만은 알 수 있었다.

이제 나는 감히 주장한다. 아이를 돌보고 키우는 일은 아주 힘들지만, 그럴만한 가치가 충분히 있는 일이라고. 상황에 휩쓸려 정신없이 하루하루를 보내다보니, 어설펐던 나도 그럭저럭 아이 안는 품이 자연스럽게 되었고 기저귀 갈고 우윳병 잡는 것도 제법 능숙해졌다. 아이들 어르고 놀아주다보면 오전이 후딱 지나갔고, 유모차 한 대씩을 번갈아 밀면서 동네를 돌다보면 어느새 오후가 저물었다. 그러나 신기하게도 그동안 내 안에 쌓인 것은 피로와 권태가 아니었다. 첫 아이를 키우는 젊은 엄마마냥 내 마음속에는 기쁨과 자랑과 보람이 가득 차올랐다. 아이들의 존재란, 경험한 적 없으나 응당 그럴 것이라 상상되는 마약처럼 황홀하고 중독성이 강했다. 나는 내 인생에서 가장 잘한 일 중 하나를 들라면 손자 녀석 둘을 우리집에서 키운 것이라고 하겠다.

인생 최초의 기억을 떠올릴 때 보통 사람들은 결코 서너 살 이전으로 거슬러 올라가지 못한다. 나의 노년에서 가장 행복하고 충일했던 시기를 함께 보낸 녀석들이 이제 다섯 살이 되었다. 녀석들이 절대 기억하지 못할 한두 살을 우리는 진하게 같이 보냈다. 녀석들은 벌써 자기들이 기저귀 찼던 사실조차 까맣게 잊어버렸다. 그나마 남아 있는 서너 살 무렵의 기억들조차 점점 옅어지고 단편화될 것이다. 나로서는 이 무렵의 소중한 기억들을 아예 존재하지 않았던 것처럼 그냥 사라지게 놓아둘 수는 없었다. 부디 바라건대, 나의 손자들이 나중에 이 글을 읽을 수 있었으면 그리고 희미하게나마 외할아버지와 함께 했던 시간들을 추억할 수 있었으면 좋겠다.

차례

프롤로그 네가 기억하지 못할 것들에 대하여 ⋯ 5

아이들을 중심으로 우리는 돈다

새 생명을 만나다 ⋯ 16
우리집은 어린이집 ⋯ 23
이름은 운명이다 ⋯ 29
아이와 함께 사는 이의 노파심 ⋯ 35
충일하게 늙어가는 방법 ⋯ 40
잔병 치다꺼리 ⋯ 47
일회용 기저귀 예찬 ⋯ 52
안아주지 말라고? ⋯ 57
뱀딸기를 찾아서 ⋯ 62
다 사람 사는 소리 ⋯ 68

엄마들을 위하여

아이를 많이 낳게 하려면 ⋯ 74
네 아이의 추억 ⋯ 79

콩 심은 데 콩 나고 ··· 86
딸들에 대한 AS ··· 91
엄마는 약하다 ··· 97
아내는 슈퍼할머니 ··· 101
젖먹이 젖먹이기 ··· 106
이모랑 결혼할래요 ··· 111

할아버지가 놀아주는 법

유모차의 힘 ··· 118
놀이터 순례 ··· 123
손자는 다 소용 없다고? ··· 129
수리수리 마수리 ··· 133
옛날얘기 해주세요 ··· 138
싸움의 기술 ··· 142
젖병과 담요 ··· 148
고무공과 자동차 ··· 153
모델의 추억 ··· 156
아는 것이 더 많아요 ··· 161
순위놀이 ··· 166
오래된 위안, 오래된 협박 ··· 171
최고의 생일선물 ··· 176

아이들에게서 얻는 깨달음

너는 어디에서 왔니? … 184
너 같은 때가 있었지 … 188
할아버지의 할아버지 … 192
사람은 다 죽어요? … 197
아기는 근심 … 202
어디에나 모성은 있다 … 206
사위들의 육아법 … 210
자식은 뜻대로 안 되는 것 … 216
근본적인 질문들 … 220

성장과 이별

기저귀 떼기 … 226
이등변 삼각형 … 231
개와 고양이 … 236
세월을 재촉하는 아이들 … 240
경모를 보내다 … 243
도헌을 보내다 … 249
오면 반갑고 가면 섭섭하고 … 255

에필로그 새로운 만남을 준비하며 … 260

아이들을 중심으로 우리는 돈다

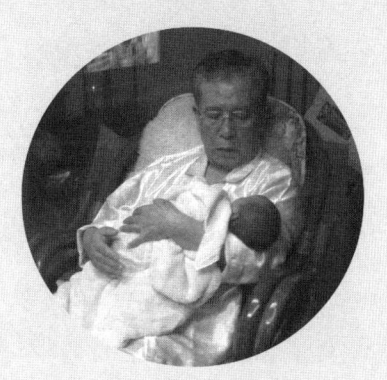

새 생명을 만나다

고대 메소포타미아 신화에는 닌후르사그라는 모신(母神)이 닌티라는 여신을 만드는 과정에서 물의 신 엔키의 갈비뼈를 고쳐주는 이야기가 등장한다. 닌티는 이후 출산의 수호신으로서 여인들의 갈비뼈에서 아기들을 만들어내었다고 한다. 이것이 기독교의 창세기에 등장한 아담과 이브 이야기의 원형이라는 주장도 있다. 진위는 알 수 없다.

어쨌든 간에 '신이 먼저 여자를 창조하고, 그녀가 외로운지라 배꼽 아래 일부를 도려내어 남자를 빚어 함께 살게 했으며, 여자에게는 본래 잉태하고 자손을 퍼뜨리는 권능을 주었다.' 라는 창조신화가 있다면 나는 그쪽을 진심으로 믿고 지지했을 것 같다. 많은 사람들이 믿어 마지않는 신화에 불만이 있다기보다는 그냥 이 나이쯤에 이르니까 성별 간 우열에 대한 견해나 이해관계를 떠나 세상의 이치에 대해 저절로 깨닫는 게 있다. 인간세계 어디서든 임신과 출산이 반복되고 있으니 예삿일 같지만, 따지고 보면 그것은 자연의 섭리를 체현하는 인간의 가장 신비롭고 위대한 역할이 아닌가. 그리고 이 역할은 온전히 엄마, 어머니의 것이다.

살던 곳이 익숙한 모양인지 딸들은 우리집에서 가까운 병원을 다니며 검진을 받아왔다. 우리 때는 초음파 사진도 흔치 않았는데, 딸들은 매달 병원에 들를 때마다 초음파 사진을 들고왔다. 나는 너무 신기하고 감격하여 작은딸이 가져온 초음파 사진에 뽀뽀를 하기도 했다. 작은딸은 태몽으로 용꿈을 꾼 덕분에 아직 태어나지 않은 아기를 '용가리'라는 태명으로 불렀다.

2006년 11월. 출산예정일이 가까워지자 작은딸이 아예 우리집으로 들어왔다. 첫아이라 그런가, 예정일이 지나서도 아이는 나오지 않았다. 그래도 기다려보자고 했었는데 딸은 진통 비슷한 것으로 사흘 동안이나 거의 밤잠을 못 자고 힘들어했다. 아내도 나도 안타까웠지만 그저 기다리는 수밖에 도리가 없었다. 아내는 그래도 나보다는 차분하게 작은아이를 위로하고 보살폈다. 이럴 때 아무것도 모르는 아버지는 무용지물이다. 엄마와 딸의 관계야말로 모든 인간관계의 핵이며 완성이라는 깨달음에 나는 무력해진다.

이윽고 좀더 심한 진통이 오는 것 같았다. 아내는 새벽 4시 반에 딸을 차에 태우고 병원으로 갔다. 같이 가자는 말은 없었다. 나도 어쩐지 끼어들면 안 될 것 같아 우두커니 집에서 기다릴 뿐이었다. 기다리는 동안 애가 탔다.

본격적인 진통이 시작되었다는 연락을 받은 둘째 사위가 병원으로 간 것이 오전 10시쯤이었던가. 그러고도 한참이 지난 오후 4시 반이나 되어서 마침내 순산했다는 전화가 걸려왔다. 나는 흥분을 억누르며 이발관에 들러 머리를 깎고, 꽃집에 들러 빨간 장미 한 다발을 샀다. 그러고 보니 평생 아내에게 꽃이란 걸 사준 적이 없다. 꽃바구니에 달린 리본에는 '외손자를 보게 해주어 고맙고 또 고맙다.'라고 써달라 했다. 딸에게는 장하다는 말과 함께 다소 쑥스럽게 꽃바구니를 건넸다. 내게는 그것 이상의 역할이 없다는 게 미안하고 허전했지만, 어쩌겠나. 아버지란 원래 그런걸.

간호사가 신생아실 유리창으로 흰 천에 똘똘 말아놓은 아기를 보여주었다. 물에 빠졌다 방금 건져올린 것 같은, 덜 영근 풋과일 같은 아기 하나가 빨간 얼굴을 내밀고 있었다. 낯선 만남임에도 불구하고 정이 와락 치밀어오르고 시선이 송곳처럼 꽂혔다. 마치 기적이 일어난 것 같았다. '시작도 끝도 알 수 없는 시간과 공간, 그리고 많고도 많은 생명들 중에서 너는 어디서 무엇으로 있다가 나의 첫 손자라는 이름으로 서로 만났나…….' 하고 잠시 상념에 빠졌다.

다음날 아기의 친가에서 할아버지, 할머니 그리고 사촌들이 꽃과 선물을 들고 산모와 아기를 축하하러 왔다. 그 모습을 한 발짝 물러서서 보고 있던 나는 새삼스러운 깨달음에 다시 놀랐다. 저 갓난쟁이는 내 딸의 아이이면서 동시에 다른 사람들의 아이기도 하다는, 너무나도 당연하고 평범한 사실이 나를 흔들었다. 아기를 둘러싼 세계에서 나는, 치밀어오르는 이 무한한 사랑에 비해 무참하도록 보잘것없는 자리를 차지하고 있을 뿐이었다.

사흘 간의 입원과 두 주 간의 산후조리원 생활을 거친 작은딸이 이윽고 우리집으로 왔다. 한 달여쯤 지나자 큰딸도 예정일 일주일 전부터 출산휴가를 얻어 우리집에 왔다. 큰딸도 가진통이 몇 번이나 와서 세 번이나 헛걸음을 한 끝에 분만유도제를 맞고 순산했다. 미리 고생을 톡톡히 한 덕분인지 막상 병원에 가서는 작은딸보다 시간이 덜 걸렸다. 노산인데도 불구하고 이렇게 탈 없이 건강하게 자연분만을 해내는 딸들이 고마웠다.

해를 넘긴 2007년 1월 8일, 첫 아기 이후 꼭 50일 만의 일이었다. 이번 아기를 만나러 간 과정도 비슷했다. 그날은 월요일 이른 아침이었다. 굳이 병원에 따라가겠다는 큰사위에게 '남자가 그래서는 안 된다'며 출근을 하도록 종용을 해놓았는데, 정오 조금 지나자 병원에 간 아내에게서 아기를 낳았다는 전화가 걸려왔다. 부랴부랴 택시를 타고 병원으로 달려갔다는 큰사위가 도착하기 전이었다.

이번 아기는 울지도 않고 너무 조용하게 태어난 덕에 분만실 밖에서 초조하게 기다리던 아내는 혹시 아기가 잘못된 것이 아닌가 마음을 졸였다고도 했다. 다행히도 아기는 탈 없이 건강했다. 요즘 유행을 따른 어둑하고 조용한 분만실에서 편안하게 태어난 덕인지 별로 크게 울 일도 없었던 모양이다. 나는 다시 빨간 장미를 한 바구니 들고가, 산고에 지쳤지만 밝은 표정으로 첫 국밥을 먹고 있던 큰딸에게 축하한다는 말과 함께 건넸다. 또 한 번 내게 외할아버지라는 이름이 주어졌다. 이번 아기는 입덧 심한 에미 영향을 받았는지 태중에서 살이 안 붙어 얼굴은 자글자글 주름이 졌지만 또랑하게 눈이 아주 컸다.

다시 보름이 지나 산후조리원에 있던 큰딸이 집으로 왔다. 두 번째 모자의 합류로 그후 한 달여 동안은 우리집이 본격적인 사설 조리원이 되었다. 딸들은 이전에 쓰던 방 하나씩을 나누어 아기와 함께 지냈다. 두 아기의 울음소리와 두 엄마의 부산함이 밤낮없이 온 집안을 가득 채웠다. 아기들의 낮 동안 거처인 거실에는 작은 요와 이불이 폭신하게 깔렸다. 아내가 아기들을 맞이하기 위해 새로 튼 솜에다 부드러운 천을 끊어와 재봉틀로 직접 박아 만든 것들이었다. 겨울이라 보일러와 가습기가 쉴새없이 돌아갔다. 하루 종일 집안에는 달큰한 젖 냄새와 시큰한 똥 냄새, 형언하기 어려운 아기 냄새가 진동했다.

이제 마침내 세상에 나온 이 아기들을 과연 어디서 키울 것인가 하는 문제가 본격적으로 대두되었다. 작은딸의 시댁은 익산이었고, 이미 손녀 둘을 돌보고 계셨다. 그 상황에서 아이 키워달라고 시부모님만 모셔오는 것도 맞지 않았고, 젖먹이를 멀리 두는 것도 적절치 않았다. 큰딸의 시댁은 서울이었지만 바깥일이 잦으신 시어머니께서 혼자

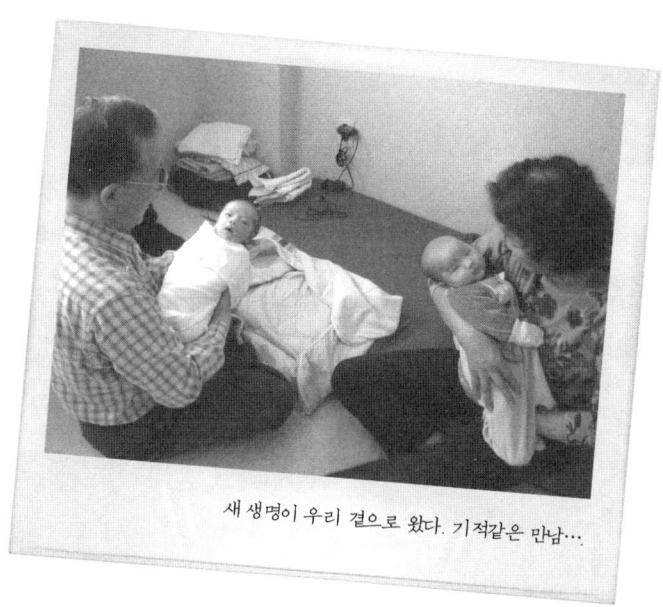

새 생명이 우리 곁으로 왔다. 기적같은 만남…

아기를 키우시는 게 벅찬 상황이었다. 물론 이런저런 사정에도 불구하고 무리를 하자면 각 시댁의 도움을 받는 것이 불가능하지는 않았다. 그래도 어쩐지 우리의 형편이 아이를 키우기에는 조금 더 나아보였다. 물론 한꺼번에 아이 둘을 기르는 건 보통 힘든 일이 아니었지만, 아내와 나는 기왕 누군가 무리를 해야 한다면 그냥 우리가 해보자는 쪽으로 마음을 굳혔다.

  엄마가 되었다지만 딸들은 아직 젖먹이는 것도 목욕시키는 것도 서툴렀다. 그런 딸들에 비하면 네 아이를 키워낸 아내는 전문가였다. 아내의 일사불란한 지휘에 우리는 모두 복종했다. 아내는 딸들보다도 몸을 아끼지 않았다. 밤을 구별 못하는 아기들이 배가 고프거나 오줌을 싸서 잠을 깨면 제 에미들과 함께 아내가 일어났다. 딸들은 몸조리를 하느라 아기가 잘 때 같이 눈을 붙이곤 했지만, 아내는 그 사이에도 밥 짓고 국 끓이고 빨래 하느라 낮잠 한 번 자지 않았다. 그게 단지 총지휘자의 막중한 책임감일까 싶었는데, 가만 지켜보니 아내는 아기들이 귀엽고 사랑스러워 어쩔 줄을 모르는 것이었다.

생각해보면 아내는 본래 우리 아기 남의 아기 안 가리고 아기 자체를 끔찍이도 좋아했다. 아기들이 태어나기 전에 '절대 키워주지 않겠다' 거나 '손자들은 하나도 안 예쁠 것 같다' 고 했던 아내의 말은 모두 그냥 해본 소리에 불과했던가. 멍하니 아내를 바라보고 있자니 그동안 아내의 공언公言이 아닌 공언空言에 속절없이 속은 사람은 나 혼자만이 아닐까 하는 생각이 들었다.

우리집은 어린이집

아이들이 첫 일년을 우리집에서 보내고 있던 어느 날, 퇴근하던 막내딸이 들어서면서 "여긴 완전 어린이집이구만."이라고 한마디 툭 던졌다. 막내는 어릴 때부터 촌철살인에 능했다. 고작 초등학생이던 시절에도 당시 마당에서 풀어 기르던 진돗개 두 마리를 물끄러미 바라보다가 "완전 사파리네."라고 했었으니.

막내의 말 그대로 우리집은 몇 년의 세월 동안 영아반에서 유아반으로 진화를 거듭하는 중이었다. 물론 우리 어린이집의 퇴소 또는 졸업 시기는 진짜 어린이집에 입소할 무렵으로 대략 생각하고 있었다. 쌍둥이나 진배없는 두 녀석을 한꺼번에 키우기로 한 순간부터 우리집의 모든 기물과 가구 배치는 아이 키우기 좋은 쪽으로 재편되었고, 일상의 시간표는 아이 돌보는 데 맞추어졌다. 아내와 나는 외출을 함

두 아기의 일과는 이 칠판에 촘촘히 기록되었다.

께 하지 않았고 매일 하던 산책도 짬을 보아가며 번갈아 할 수밖에 없었다.

아내와 내가 모두 기억력이 안 좋아지니 돌아서면 잊곤 하는지라 아이들 우유 먹고 변 보고 하는 등의 기본적인 사항들을 기록해둘 필요가 있었다. 처음에는 종이에 써두었는데 들여다보기 불편했다. 이내 작은딸이 나무로 테두리를 한 작은 칠판을 사와서 주방 벽에 걸었다. 예전에 교실에서 쓰던 흑판의 축소판인데 작은 분필도 같이 있었다. 괜찮은 아이디어였다. 칠판을 이등분해 한쪽은 도헌이, 다른 한쪽은 경모가 젖 먹은 시간과 양, 응가와 쉬야한 시간을 기록했다. 조금 더 지나자 젖은 분유의 양으로 대치되었고, 이유식을 시작하고 나서는 이유식의 종류와 양을 기록해나갔다. 도합 일년 반이 넘게 이 칠판을 썼다. 퇴근한 딸들은 칠판을 보며 아이가 하루 동안 어떻게 지냈는지 확인할 수 있었다.

얼마 지나지 않아 꽤 넓은 우리집 거실은 아이들의 물건으로 가득한 놀이터가 되었다. 처음에는 요와 이불만 깔렸지만 이내 누워서 노는 놀이매트와 눕혀놓고 흔들어주는 흔들의자가 들어왔다. 다음에는 세워놓고 노는 놀이기구, 다음에는 보행기 두 대가 나란히 입성했다. 작은 방의 문틀에는 아기용 그네를 매달았다. 이윽고 아이들이 기어다니고 걸음마를 시작하자 붕붕카 한 대와 세발자전거 두 대, 그리고 기어다니는 통로가 두 개 있는 텐트까지 들어왔다. 나중에는 그물로 된 아기침대도 들였는데 이건 마구 돌아다니는 아이들을 가두기 위한, 그물로 된 높은 우리 같았다. 마지막으로는 조립식 플라스틱 테이블과 의자까지 등장했다. 우리 때와는 달리 아이들을 키우는 데 이렇게까지 많은 것이 필요하다는 사실에 놀라지 않을 수 없었다.

아내와 나는 딸들의 출산 전에 아기 옷과 용품들을 정리하기 위해 나무로 만든 서랍장 두 개를 새로 사와 땀을 뻘뻘 흘려가며 조립했다. 우리집에는 이미 가구가 충분했지만, 기존의 수납공간 한켠을 비우고 넣는 것보다는 새로 깨끗한 공간을 마련해주고 싶었다. 하얀색의 아기용 서랍장은 손닿기 쉽게 주방과 거실 사이의 복도공간에 놓였고 거기에는 거즈손수건이며 배냇저고리, 내복, 우주복, 양말, 턱받이, 기타 옷가지 같은 것들이 가득 채워졌다. 두 녀석은 첫 2년 간은 자연스럽게 내 것 네 것 구분하지 않고 모든 입성을 같이 썼다. 쌍둥이처럼 함께 키우니 효율적인 면도 없지 않았다.

똥 싼 아기들의 엉덩이를 닦이는, 소위 '똥바가지'가 새로 지정되었다. 우리는 연약한 아기 엉덩이가 짓무를까봐 기저귀를 갈 때에는 사시사철 항상 따뜻한 물을 받아다가 엉덩이를 깨끗이 닦였다. 물티슈가 흔하고도 편한 것을 모르는 바 아니었으나 아내의 원칙이 그랬다. 심지어 녀석들이 오줌을 많이 싼 경우에도 물로 엉덩이를 깨끗이 씻겼다. 덕분에 아기들의 엉덩이는 늘 보송보송했고 기저귀 발진도 심하게 겪어본 기억이 없다. 분을 많이 바를 필요도 없었으니 한동안 떠들썩했던 탈크 섞인 아기분 소동도 별로 심각하게 받아들이지 않고 지나갈 수 있었다. 응가만 하면 아기를 들고 화장실로 부랴부랴 달려가는 나를 보고 아내는 "할아버지는 똥방자." 하고 놀렸다. 나는 평소의 근엄은 내팽개쳤다. '녀석들 똥방자면 어때? 좋기만 한데.' 하는 유쾌한 느낌마저 들었다.

아내는 언제나 주방 가운데 욕조를 가져다놓고 아기들을 씻겼다. 목욕탕에서 시키면 편한 것을 모르지 않았지만 겨우내 가장 따뜻한 곳은 주방이었고, 목욕탕은 난방이 되지 않아 썰렁했다. 아마 보일러를 쓰는 어느 집이나 사정은 비슷할 것이다. 목도 제대로 못 가누는 아기들을 목욕시킨다는 것은 그야말로 묘기에 가까운 일이었는데, 딸

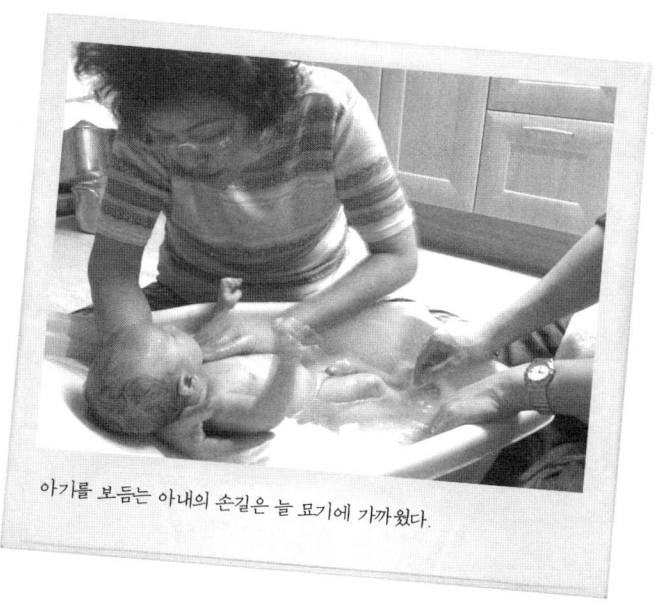
아기를 보듬는 아내의 손길은 늘 묘기에 가까웠다.

들은 쩔쩔 매는 일을 아내는 혼자서도 아무렇지 않게 잘해냈다. 그야말로 네 아이를 혼자 키워낸 내공이 아닌가 싶었다. 저녁 목욕은 딸들과 함께 시키지만 오전에 하는 목욕은 아내 혼자서 맡아야 했다. 나는 딸들이 없을 때 가끔 아내의 보조를 했는데, 단순히 아기를 물에 빠지지 않게 붙잡고 있는 것조차 쉽지 않았다.

처음 갓난쟁이일 때는 거실에서 아기들을 함께 재우기도 하였으나 이내 도헌이는 저녁이 되면 멀지 않은 제 집으로 돌아가 잤다. 경모는 제 어미가 시간이 없으니 주중에는 계속 우리집에 있었다. 시간이 흐를수록 경모는 내 방에서 함께 자는 일이 많아졌고 결국은 으레 내 방에서 자는 줄 알고 스스로 담요를 끌고왔다. 나는 혹시나 아기들이 굴

러떨어져서 다칠까 하여 침대 프레임을 없앤 뒤 매트리스만 깔았고, 베개를 여러 개 놓아두었다. 침대 주변에도 요를 깔아서 폭신하게 만들었다. 아기들 이부자리는 겨울이면 부드러운 면으로 만든 베개와 이불을 쓰게 했고, 여름이면 아내가 손수 삼베를 끊어다 만든 홑겹 이불과 메밀 베개를 사용했다.

도헌이와 경모가 어린이집을 다니면서 우리집을 아예 떠나기까지 만 3년 반 동안, 이렇게 우리집은 온전히 아이들을 위한 집이 되었다. 어른들의 집에 아이들이 들어와 사는 것이 아니라 아이들의 집에 어른들이 얹혀사는 느낌이었다고 할까. 아내는 지금도 그때가 '참 사람 사는 것 같았다'고 말하곤 한다.

이름은 운명이다

아기가 태어난 후 한 달 안에 출생신고를 하려니 그 안에 빨리 이름을 지어내야 했다. 작은딸네도 큰딸네도 당연한 듯 차례로 그 중책을 내게 맡겨주었다. 내가 '아기들 이름을 짓고 싶다'는 강력한 소망을 온몸으로 풍기고 있었는지도 모르겠다. 물론 표면상 이유는 내가 이름을 잘 짓는다는 것이었다. 사실상 내가 이름을 지은 경험은 자식들의 경우 네 번이 전부인데, 아무래도 그 이름들이 모두 독특했기 때문인 듯하다. 소운巢云, 은하恩河, 욱도煜都, 시행始幸이 그것이다. 큰딸과 작은딸까지만 해도 무난했는데 아들과 막내에 이르자 다들 듣도 보도 못하던 이상한 이름이라고 갸우뚱하며 핀잔을 주곤 했었다. 그러다 어느새 흔하지 않은 이름이 더욱 각광받는 시절이 되었고 이름 가지고 놀림을 많이 받던 아들과 막내도 지금은 남과 다른 이름에 내심 만족하고 있는 것 같다.

그러나 외손자들의 경우는 조금 주저할 수밖에 없었다. 내 성姓을 따르지도 않는데, 외할아버지가 감히 이름을 지어줘도 되는 것일까. 이름을 지어주고 싶은 마음과 나서서는 안 된다는 당위 사이에서 갈등하면서 짐짓 사양을 해봤지만, 결국은 이 즐거운 고민을 자의반 타의반 떠안게 되었다. 작은딸의 시댁도 내 마음을 아셨던지 이름 짓는 일을 외가에 미루셨고, 큰딸의 시댁에서도 바깥사돈께서 일찍 타계하신 터라 소위 '이름 짓는 할아버지' 역할을 내게 일임하셨다. 부담스러우면서도 내심 감사할 따름이었다.

자, 그렇다면 이제부터 이름을 짓자. 속담에 꼴 보고 이름을 짓는다고 한다. 그러니 태어나기도 전에 아기 이름을 지어두는 것은 사실 맞지 않다. 경험상 아이를 유심히 들여다보고 있으면 어떤 느낌이 떠오른다. 직관이라고도 할 수 있겠다. 아이가 스스로 내비치는 특유의 이미지를 포착하면 어울리는 이름도 찾아진다. 막연한 말이지만 이름 여럿을 지어본 경험으로는 정말 그렇다. 그래서 우리 아이들에게도 자기 이름은 스스로 가져오는 거라고 말해왔었다. 두 글자로 만들어낼 수 있는 조합은 무한할 정도지만, 어떤 순간에는 단 한 가지의 조합만이 최선이라고 느껴질 때가 있다. 직관의 한계인지는 모르겠으나 나는 실상 그게 아이와 이름 간의 피할 수 없는 관계이자 운명이라고 생각한다.

작은딸의 아이는 김씨 성이다. 둘째 사위에게 들은 바에 의하면, 조부의 산소를 쓸 때 지관이 후손 중에 개띠 해에 태어나는 인물이 크게 된다고 말했다 한다. 그 예언은 어느덧 그 집안의 믿음이자 소망으로 자리잡았을 터이다. 공교롭게도 김서방이 개띠인 데다 이 아이도 개띠 해에 태어났다. 상서로운 예언이 아닐 수 없었다.

나도 그 댁의 믿음과 소망에 사로잡힌 듯 고심하고 고심한 끝에 두 개의 이름을 골랐다. 그러고는 알고 지내는 작명가를 찾아가 사주팔자와 오행을 고려한 자문을 청했다. 그는 둘 중의 한 이름에 동그라미를 그려줬다. 다행히 내가 생각한 우선순위와 같았다. 그대로 선명장選名狀을 적어달라고 했다. 그것이 도헌度憲이었다. 단정하고 엄정한 느낌의 이름이다. 집안의 장손에게 어울렸다. 우선 작은사위에게 전화로 알려주고 아이의 친가와 에미에게도 전해달라고 했다.

큰딸의 아이는 박씨 성이다. 큰사위는 3대 독자다. 안사돈은 진중하신 데다 생활에서도 항시 근신하고 절제된 모습을 보이는 분이시다. 사위도 매사에 흐트러짐이 없고 성실한 모습이 한결같았다. 특히 조상을 극진히 모시는 것이 기특했다. 태어난 아이도 이목구비가 또렷하고 기운이 범상치 않았다.

여러 날을 두고 생각한 끝에 여러 개의 이름을 떠올렸다. 그중에서 대여섯 개를 골라 먼저의 작명가와 상의했다. 그는 이번에는 모든 이름에 동그라미를 그리고 다 좋으니 어느 것을 선택해도 괜찮다고 했다. 사위에게 전화해서 대략 세 개의 이름 중 어느 것을 고를지 모친과 상의하여 전해달라고 했다. 아이의 할머니께서도 직감으로 끌리는 바가 있으셨던지 그중 하나를 골라서 알려주셨다. 그게 바로 경모耿模다. 한자의 뜻대로 진지하되 환하고 밝은 느낌이다. 내가 느낀 아이의 기운과도 신기하게 일치했다.

 이러한 과정을 거쳐서 두 아이의 이름은 각각의 인생을 상징할 의미 있는 단어로 통용되기 시작했다. 이름이 그 사람 같기도 하고 사람이 그 이름 같기도 한, 이름과의 오묘한 만남이 이루어진 것이다.

 손자들의 이름을 지을 때 역시 특별한 이름 또는 흔치 않은 이름을 짓는 데 역점을 두지는 않았다. 유행을 피하려고도 따르려고도 하지 않았다. 솔직히 나는 이름의 유행이 뭔지 잘 모른다. 그 상황에서 아이의 이미지에 가장 어울리는 이름을 고르기 위해 고심했을 뿐이다. 여기에 작명가는 운명이라고 할 수 있는 사주와 이름을 맞추는 작업을 도와주었다. 어쨌든 손자들은 그다지 흔치는 않지만 그렇다고 아주 드물지도 않은 이름을 갖게 되었다.

 그런데 막상 딸들은 아이들의 이름에 조금 시큰둥한 눈치다. 처음에는 특이한 이름을 짓지 않아서 그런가 생각했는데, 나중에 지켜보니 딱히 그런 것도 아니었다. 그냥 뚜렷한 불만은 없지만 대단한 환호도 아닌, 내가 고심한 정도에 비해서는 다소 덤덤한 반응이라고나 할까.

 딸들 입장에서 생각해보면 이름 없이 그저 '우리 아기'라고 불렀을 때는 포괄적이고 충일한 느낌이 있었을 것이다. 그러나 하나의 이름을 지어부르는 순간 그 느낌은 안타깝게도 흩어져버린다. 한편으로는

더 근사하고 멋진 이름이 세상 어디엔가 존재할 것 같았는데 그것을 잡아내지 못했다는 아쉬움도 있지 않았을까. 하지만 그런 아쉬움이라면 평생을 갈 것이다. 나도 우리 아이들의 이름에 내내 그랬으니까. 이름도 물건과 마찬가지로 내 것으로 귀하게 여기다보면 정이 드는 법이다. 그래서 결국 하나로 되었다가 마지막에는 이름만이 생의 흔적으로 남는 것이다.

철 모르는 녀석들은 지금까지는 제 이름에 전혀 불만이 없는 것 같다. 지금은 그저 자기가 그 이름과 함께 태어난 줄 아는 행복한 시기일 테니까. 나중에 머리가 커져서 혹여 그 이름들이 녀석들 마음에 들지 않아도 '에라, 난 모르겠다' 다. 최소한 그 이름 속에 이 할아버지의 고민과 사랑이 녹아 있다는 사실 하나만은 탓하지 않았으면 좋겠다.

아이와 함께 사는 이의 노파심

역설적으로 '안전하다'는 말은 '위험할 수도 있다'는 말의 다른 표현에 불과하다. 대부분의 경우 안전이란 요행일 뿐이다. 삶에는 위험이 오히려 기본값이다. 어린 것들을 키우면서 주변을 찬찬히 살펴보면 위험하지 않은 것이 없다. 모든 도구들은 흉기가 된다. '만일에'라는 말은 문자 그대로 '만의 하나' 정도의 기적 같은 확률을 뜻하는 것이 아니다. 위험은 항상 반반의 확률로 존재한다. 사고가 일어나든지 일어나지 않든지.

그러므로 가장 안전하다고 여겨지는 집이야말로 사실은 가장 위험한 곳이다. 통계적으로도 아이들이 가장 많이 다치는 장소가 집안이라고 하지 않는가. 아이들이 자라나면서 뒤집고, 엎드리고, 기어다니고, 이가 나고, 서고 걷고 하는 단계마다 위험의 요소들은 폭발적으로 증가한다. 아이들과 함께 지내니, 우리 주변을 새로운 눈으로 다시 바라보게 된다. 화장실 욕조, 타일바닥, 물 묻은 마루의 미끄러움과 단단함은 상상을 초월한다. 각종 조리도구, 가구의 모서리, 문과 문턱이 이루는 예각은 보기조차 섬뜩할 정도이다. 집안 여기저기의 전깃줄, 화분, 유리창, 수저, 동전, 리모콘, 그릇……. 심상했던 일상의 풍경과 사물들이 다 불안해진다.

아이들은 자랄수록 호기심이 많아지고 구순기를 거치면서 무엇이든 입으로 가져간다. 생각을 해보고 물어본 뒤 행동하는 게 아니었다. 그냥 손 닿는대로 만지고 밀고 당겼다. 어른들이 미리 대비하지 않으면 아무리 소리 지르고 잡아 끌어봐도 소용이 없었다. 집을 완전히 다른 방식으로 재정비해야 했다.

우리는 도자기, 필통, 전화기 등 탁자에 올려놓고 쓰던 모든 기물들을 손닿지 않는 높은 곳으로 옮기거나 장롱 깊숙한 곳에 감췄다. 서랍은 모두 손잡이를 안으로 달아 없애거나 서로 끈으로 묶었다. 큰사위는 각종 안전용품을 넘칠 만큼 사왔다. 장식장과 부엌 장에는 플라스틱 걸개를 붙여 채웠다. 모든 가구의 모서리마다 두툼한 안전테이프와 모서리 보호대를 붙였다. 자주 드나드는 문들은 아예 열어둔 채로 고정시켰다.

지은 지 오래된 집이라 방마다 문턱이 있는 것도 걸렸다. 위험요소를 아예 제거하기 위해 아이들이 돌이 되었을 무렵 아예 한 달 동안 대대적인 집수리를 했다. 전체 마루를 새로 깔고 방마다 있던 문턱을

없앴다. 주방과 거실 사이에 있던 미닫이 유리문도 들어냈다. 전기 콘센트 구멍은 모두 막았다.

그럼에도 아이들은 집안 곳곳에서 끊임없이 새로운 위험요소를 발견해냈다. 어느새 소파 틈으로 빠져 들어가서는 기어나오지 못해 으앙 소리를 내기도 하고, 굳이 텔레비전 뒤쪽의 좁은 공간으로 들어가서 잘 보이지도 않는 버튼들을 눌러댔다.

물건들만이 아니라 아이들 서로도 문제였다. 일어나 앉게 되고 겨우 섬마하나 싶더니, 걸음마를 금세 떼곤 서로 치열한 영역싸움을 벌였다. 이 무렵의 도헌이와 경모는 함께 있는 시간 중 대부분을 싸우며 보냈다. 서로 장난감을 가지겠다고 붙잡고 우는 것으로 시작해 할퀴고 꼬집고 물고 떠밀고 때리는 일들이 반복되었다. 어른들이 얼른 떼어놓지 않으면 이내 볼이나 팔에 이빨자국이 생기고 여기저기 멍이 들었다. 순식간에 일어난 일이지만, 그런 상처가 난 날에는 에미들 보기가 여간 민망한 게 아니었다.

밖에서는 두 녀석 모두 서툰 걸음으로 걸어보겠다고 고집을 피우다 넘어져서 무릎이나 손을 다치는 일이 잦았다. 몇 발짝만 떼어놓아도 쓰러지는 주제에 왜 그렇게 할아버지 손을 뿌리치고 혼자 걷겠다는 것인지. 손바닥만 쓸리면 다행이련만 경모는 넘어지는 와중에도 그 좋아하는 '빠방'을 꼭 쥐고 있던 탓에 손등과 손마디가 온통 까지고 말았다.

도헌이는 운동신경이 좋아서 사내아이치고는 이른 8개월 무렵부터

걸음마를 시작했는데, 잽싼 몸놀림에 비해 약간 안짱걸음이라 비척비척 항상 위태로웠다. 어지간해서는 넘어지지 않았지만 보는 마음은 불안하기 이를 데 없었다. 게다가 이 아이들을 한꺼번에 데리고 나갈라치면 한순간도 눈을 떼거나 마음을 놓지 못했다.

우리집에서는 나름대로 우리가 최선을 다한 데다 운도 좋아서 병원에 달려갈 만한 사고는 나지 않았다. 아내 말마따나 공교롭게도 사고는 제 부모들이 직접 돌보는 주말에 일어났다. 경모는 제 에미가 돌보던 주말에 놀이터 정글짐에서 떨어져 잠시지만 경기를 했다고도 하고, 전동 오토바이를 타다가 보도블록에 걸려 넘어지는 통에 턱이 조금 찢어져 응급실에 실려가 꿰매는 일도 있었다. 도헌이는 제 집 방문턱에 걸려 넘어져서 잇몸과 입술을 연결하는 입 안쪽의 소대(사람 몸에 이런 이름의 부위가 있는 줄은 이때 처음 알았다)가 끊어져 피가 나는 바람에 놀라기도 했다. 보통 눈 밝고 기운 좋은 부모들이 아이들을 더 잘 보겠지 생각하지만 제 자식이라 자칫 방심을 하기도 하는 모양이다.

딸들이 우리가 아이들 안전에 지나치게 신경 쓰는 것 아니냐고 핀잔인지 걱정인지 모를 말을 건넨 일이 있었다. 내가 너무 종일토록 아이들을 졸졸 따라다닌다고도 했고, 그러니 쉽게 피로해지는 것이 아니냐고도 했다. 아내는 집안이 조금만 어수선해져도 아이들이 위험하다며 아예 정리가 될 때까지 업고 있었다. 딸들은 아내더러 그렇게 자주 업으니 허리가 아픈 게 당연하다며 염려했다.

노파심老婆心은 말 그대로 늙은 여자의 마음이다. 흔히 '쓸데없는 괜한 걱정'을 이른다. 그러나 아이들과 함께 지내는 시간이 늘어날수록 우리의 지나친 노파심이야말로 아이들을 사소한 사고로부터 지켜주는 안전장치라는 생각이 커졌다. 그런 만큼 힘이 더 들더라도 우리 집에서 키우는 동안이나마 아이들을 위해 최대한 방비하고 주의를 기울이는 것을 포기할 수가 없었다.

충일하게 늙어가는 방법

나이는 숫자에 불과하다는 말이 있다. 참 좋은 말이다. 그러나 막상 나이든 사람 입장에서는 나이 핑계 대지 말라는 경고나 운 좋은 이들의 허풍으로밖에는 안 들린다. 막상 닥쳐보면, 나이는 못 속이고 세월 앞에 장사 없다는 말이 더욱 진실로 다가온다.

나는 60대 중반에야 육아에 가담했다. 아내는 60세를 전후한 때였다. 둘 다 너무 늙지도 않았지만, 결코 젊지도 않은 때였다. 사람들은 보통 좋아하는 일에 열중할 때에는 피로를 잘 느끼지 못한다. 그러나 설령 그러한 일들도 반복적으로 하다보면 가랑비에 옷 젖듯이 몸에 무리라는 신호가 오는 법이다. 아이 돌보는 일도 마찬가지였다. 처음에는 마냥 즐겁고 신나게 시작했다. 내가 반드시 해야 할 상황이고, 무엇보다 좋아하게 된 일이기도 하다. 그러나 시간이 지남에 따라 피로는 차곡차곡 쌓여갔다. 특히 경험과 요령이 부족한 나로서는 더욱 그랬던 것 같다. 아내에 비하면 들이는 노력치고 성과가 적었다.

당연한 사실이지만 아이는 억지로 잠을 재울 수도 없고 설득을 할 수도 없었다. 먹고 싸는 것도 잠시만 참으라고 할 수가 없었다. 그저 아이가 하는 대로, 하고 싶은 대로 맞추어주는 것밖에는……. 살다보면 감기 들고, 몸살도 오고, 피로가 유난한 날도 있다. 그럴 때도 억지로 일어나서 아이들을 먹이고 씻기고 안아주고 데리고 나가야 했다. 가끔은 피곤에 지친 나머지 나 몰라라 혼자 방으로 들어가서 자버리기도 했었다. 그러나 그렇게 한잠 자고 나와보면 아내 혼자 기를 쓰며 두 녀석 시중을 들고 있었다. 머쓱하고 무안했다.

딸들이나 사위들이 일과 학업을 쉬지 않는 한 우리도 쉴 수 없었다. 나도 그런 젊은 시절을 지나왔지만, 직장생활이라는 게 자리가 높아지면 높아질수록 점점 더 목줄이 짧아지고 운신의 폭은 좁아진다. 딸들도 사위들도 마찬가지 상황일 것이었다. 집에 있는 내가 힘들다고 한창 일하고 있는 사람들을 불러낼 수는 없었다. 이런 사정을 모두 잘 알면서도 가끔은 너무 힘에 부쳐 그대로 주저앉아버리고 싶을 때가 있었다. 모든 것을 팽개치고 어디론가 훌훌 떠나버렸으면 하는 충동이 일기도 했다. 세상에서 아이를 돌보았고 돌보고 있으며 돌보게 될 그 모든 사람들이 존경스럽고 불쌍해지는 순간들이 자주 찾아왔다.

이처럼 노년의 체력에는 한계가 있고 도망칠 수 있는 상황도 아니니 나름대로 대책을 세워야 했다. 큰딸의 출산휴가가 끝나갈 무렵부터 우리 부부는 각오를 새롭게 했다. 비타민제를 포함한 각종 영양제를 꼬박꼬박 챙겨먹고 자식들이 보내주는 마늘즙이니 양파즙이니 하는 건강식품까지 전에 없이 열심을 내서 먹었다. 내 몸이 건강하지 않으면 아기들을 돌볼 수 없었다.

주말과 휴일에조차 바쁜 사위들은 부족한 시간과 미안한 마음을 대신하려는지 틈날 때마다 입맛 도는 요리들을 사날랐다. 아이들의 친가에서도 고마우시다며 종종 과일, 고기, 생선, 떡, 김치 등 온갖 정성들인 먹을거리와 찬거리들을 보내오셨다. 덕분에 우리집에는 내내 먹을거리들이 넘쳤고 자주 입 호사를 했다. 단지 먹는 것만으로 기운이 났다면 그 기운이 하늘을 찔렀을 것이다. 그러나 건강을 유지하기 위해서는 영양섭취 외에도 적당한 운동과 휴식이 절실했다.

딸들이 가사도우미를 보내주어서 몇 달 써보기도 했는데, 아내도 나도 남에게 집안일 시켜본 경험이 없어서 그런지 오히려 스트레스가 심했다. 아예 남자 노인이 있는 집에는 불편하다며 일을 안 하겠다는 도우미들도 있었고 대부분의 경우에는 자신들이 일하는 동안만이라도 밖에 나가 있었으면 하는 눈치였다. 아내는 도우미들 일하는 매무새가 마음에 들지 않는다고 불만이었다. 아내처럼 깔끔하고 부지런한 주부의 마음에 들기란 여간 어려운 일이 아닐 터였다.

한 명쯤 마음에 어지간히 드는 도우미를 만난 적이 있었지만, 그분도 자기 딸이 낳은 아이를 돌보겠다며 그만둔 이후로는 줄곧 맞는 사람 만나기가 힘들었다. 결국 아내는 정신건강에 도움이 안 된다며 도우미 쓰기를 포기했는데, 매번 한나절씩 밖으로 쫓겨나가야만 했던 나로서는 환영할 일이었다. 이제 우리 부부는 매일의 청소로 운동을, 유모차 나들이로 산책을 대신하기로 했다.

아무래도 나이가 나이인지라 우리 부부는 병원 드나들 일이 잦았다. 하루 한 차례씩, 아이들이 규칙적으로 낮잠을 자기 시작할 무렵부터 아내와 나는 아이들 낮잠 자는 시간에 예약을 몰아서 번갈아 병원에 다녀오기로 했다. 물론 병원에 그냥 다녀오는 정도로 끝나지 않는 경우도 몇 번 있었다. 아이들을 전담으로 키우는 만 3년 동안 아내는 발가락이 부러지거나 척추 디스크 수술을 받기도 했다. 석고붕대하고 제대로 걷지 못해 고생한 기간도 꽤 되었고, 수술하고 퇴원한 이후에도 재활치료를 위해 만만치 않은 시간을 힘겹게 보냈다.

육아의 중심은 아무래도 아내여서, 아내가 빠지면 나 혼자 둘은 무리였다. 아내가 입원해 있거나 많이 아플 때에는 아이들의 친가에서 어렵사리 시간을 내어 아이들을 돌보아주시거나 딸들 나름대로 육아 도우미를 썼다. 하지만 대부분 아주 어려운 시기만 지나고 나면 우리가 아이들 보고 싶은 마음에 우겨서 데려오는 일이 반복되었다. 아내에게는 아이들의 존재가 마취효과가 있다는 도파민쯤 되는 듯싶었다.

손자들과 종일토록 붙어다니며 나는 육신의 고단함을 넘어서는 정신적 충일의 기쁨을 무수히 경험했다.

　주변에서 늘그막에 아이들을 보면서 골병이 들고 건강이 나빠졌다는 노인들을 많이 본다. 자식들에 대한 원망도 심심치 않게 들린다. 사회적으로도 자식들의 이기심이 낳은 다시없는 불효라며 지탄하는 목소리가 높다. 동년배들 역시 세련된 할아버지 할머니의 이미지란 여행하고 골프 치러 다니다가 손자들에게는 가끔 값비싼 선물을 안겨주는 정도라고 생각하는 듯하다. 딸들도 어쩔 수 없이 시작은 했지만 아이를 맡겨두고 부모 고생시킨다는 손가락질이라도 받을까 내내 걱정한 모양이었다. 당시 미혼이었던 아들은 제 누나들이 부모에게 아이를 맡긴 것이 못마땅한 듯 은근히 신경 쓰는 눈치였다. 막내도 대놓고 이렇다 저렇다 말하지는 않았지만 예외 없이 걱정의 눈길로 우리를 바라보았다.

　그러나 다시 생각해보자. 가만히 있어도 세월은 가고 몸은 늙어진다. 한가롭게 세월을 보낸다고 절대로 젊어지진 않는다. 사람 나이 예순을 넘기면 고작 어떻게 늙어가느냐의 선택만 남는 게 아닐까. 누군가는 평온하고 여유롭게 늙어가는 쪽이 좋다고 할 것이다. 그러나 아내와 내가 갓난쟁이 두 녀석을 받아들이는 순간, 그 길은 이미 포기한 셈이었다. 그렇다면 또 다른 길을 즐겁게 가는 수밖에 없다. 종일토록 기저귀를 갈고 또 갈고 똥 묻은 엉덩이를 닦고, 하루에도 몇 번씩 토한 냄새가 진동하는 옷가지를 갈아입혔다. 그러다가도 아기들의 배냇웃음 한 번에 묵은 피로는 씻겨나갔다.

　밋밋하게 하루하루를 보내느니 진한 고통과 행복을 함께 느껴가며 늙는 것도 노년의 정신건강에 그다지 나쁘지는 않다는 생각이 든다. 아이들과 함께 하는 동안, 쌓인 육신의 고달픔을 상쇄할 만한 정신적 충일의 순간을 나는 여러 차례 경험했다. 있어도 그만 없어도 그만이 아닌, 다시 한 번 누군가에게 필수불가결의 존재가 된다는 뿌듯함이 있었다. 자식들에게 용돈이나 선물을 받아도 당당하고, 우리집을 중심으로 사위들까지 모여드니 북적이며 사람 사는 맛도 났다. 아내는 딸들을 위해 분주했고 나도 왠지 덩달아 몫을 다하는 느낌이 들어서

떳떳했다. 그러니 이제는 다른 이들에게도 권하고 싶다. 건강만 허락한다면 가급적 손자들을 키우는 게 남는 장사라고. 그리고 손자들을 잘 돌보려면 정말로 이제까지보다 몇 배나 더 건강하고 멀쩡하게 지내기 위해 노력해야 한다고.

잔병 치다꺼리

어렸을 때 나는 여러 번 죽을 고비를 넘겼다. 그러나 병원에 가본 적은 없었다. 콜레라에 걸려서 할아버지가 만들어주신 환약을 먹고 살아났다는 얘기도 들었고, 다섯 살엔 홍역을 앓았는데 할머니가 내 몸에 묻은 귀신을 쫓아내고 물을 뿌리는 주술을 해서 나았다고도 한다. 여섯 살에는 빈 집에서 숨바꼭질하고 놀다가 집이 무너지는 통에 동네 어른들이 발굴을 해서 살렸다. 열 살 무렵에는 한 달 가까이 배가 아팠는데 이웃동네 무당이 굿을 해서 살려줬단다. 이래저래 살아남을 명이었나보다.

우리 자식들 키울 때만 해도 사전같이 두툼한 《가정의학대백과》 한 권으로 났는데, 40년도 더 된 책이라 요즘에도 통할까 싶었다. 이런 걱정을 알아챘는지 큰딸은 우리집에 소아과 의사가 썼다는 아이들 의학책을 한 권 사다두었다. 아내는 이 《삐뽀삐뽀 119》가 아이들 키우는 데 도움이 많이 되었다고 한다. 나 역시 인터넷에서 이리저리 떠도는 낭설들보다는 정통 소아과의사의 책에 신뢰가 갔다. 물론 이런 책들도 자가요법보다는 '빨리 의사에게 데려가라'는 식의 결론이 많아서 결국은 아이들 몸이 불편하면 병원에 달려가는 일이 더 잦았지만, 적어도 평소에 마음의 대비를 해둔다는 차원에서는 매우 유용했다.

기응환이 아이들에게 만병통치약처럼 여겨질 때가 있었다. 내 자식들 키울 때만 해도 어떤 이유로든 놀랐을 때나 울고 열날 때는 기응환을 먹였다. 그런데 요즘엔 그것 쓴다는 얘기를 거의 못 들어봤다. 마찬가지로 옛날에는 분유와 함께 비오비타도 많이 먹였던 것 같은데, 우리집에서 손자들에게 먹이는 것을 보지는 못했으니 약이며 영양제도 유행을 타는 듯싶다.

육아경험담을 들어보면 돌 전 아기의 경우 열이 펄펄 나서 한밤중이나 새벽에 병원 응급실로 업고 뛰었다는 얘기가 많던데, 다행스럽게도 우리 아기들에게는 그런 일이 거의 없었다. 우리가 잘 보살핀 덕분인지 단지 운이 좋았던 것인지는 모르겠다. 다만 유일하게 과학적인 설명을 찾자면 딸들이 모유를 많이 먹어서 면역력이 좋았던 것이 아닐까 생각한다. 열이라고 해야 40도를 넘지 않았고, 그나마도 해열제를 먹이면 바로 내리곤 했으니 참으로 고마운 일이다.

기저귀와 엉덩이 관리에 그렇게 주의를 기울였는데도 불구하고,

덥고 습한 여름철에는 아기들에게 약간의 기저귀 발진이 생겼다. 엉덩이쯤이야 하고 쉽게들 여기겠지만, 막상 아기를 돌보다보면 사소한 발진 정도도 세상이 무너질 것 같은 큰일이었다. 예전에 무좀에 쓰는 줄 알았던 카네스텐이 기저귀 발진에 잘 듣는다는 사실을 알고는 신기했었다. 아예 아이들용 가루약이 나와 있다. 몇 번 뿌려주니 발긋발긋하던 발진이 신통하게도 다 없어졌다. 바로 듣는 약이 있는데도 괜히 이런저런 연고를 써보다 발진이 덧나는 경우도 있는 것 같다. 아기들에게 바르는 약은 뭐든 조심해야 하는데 말이다.

두 녀석 모두 사내아이들이라 요로염에 걸린 적이 있다. 두 돌 지나서는 고추 끝이 빨갛게 되고 통증을 호소하는 일이 두어 번 있었다. 갑자기 쉬야할 때 아프다고 우니까 걱정은 몹시 되었지만, 막상 병원에 가보면 고추 끝에 후시딘 듬뿍 짜서 발라주고는 끝이었다. 집에서도 마데카솔이든 뭐든 비슷한 항생연고 바르면 된다고 하니 이것도 비교적 가벼운 병에 속한다. 다만 요로염이 오는 경우엔 방광염까지 우려해야 하는 것 같다. 역시 먹는 항생제 처방이 필요한데 보통 검사 결과가 나오기까지 하루는 기다려야 했다.

녀석들이 그동안 감기 한 번 걸리지 않았다고 하면 더 멋졌겠지만, 사실 감기에는 몇 번이나 걸렸고 그때마다 소아과를 들락거렸다. 아내는 처방이 나올 때마다 무슨 항생제가 얼마나 들어갔는지 캐묻고 확인하는 습관이 있었다. 작은 병에도 항생제를 과하게 먹이는 일을 염려해서다. 병원은 두 돌 때까지 아기 받아준 여성병원 부설 소아과에 다니다가 이후 동네 소아과로 바꾸었다. 아이들 예방접종 이력이며 병력이 관리되기 때문에 소아과는 자주 바꾸지 않는 편이 좋을 것 같다. 경모는 제 집 가까운 소아과도 가끔 갔지만, 대개 번거롭더라도 늘 다니던 우리집 근처 소아과로 오곤 했다.

아내는 병원 약에만 의존하지 않았다. 아기들의 가벼운 기침감기에는 배에 꿀을 넣고 중탕한 꿀배를, 경모의 설사에는 곶감을, 도헌이 변비에는 말린 자두를 갈아서 먹였다. 사실 장염 같은 병은 흰죽만 잘 먹여도 낫는 경우가 많아서 민간요법을 경시할 것도 아니었다.

다만 아기들의 감기는 폐렴이나 중이염 같은 합병증을 동반하기 때문에 열이 오를 경우 그냥 버티기만 해서는 안 된다. 일부에서는 그냥 스스로 앓을 만큼 앓아서 낫는 과정을 거쳐야 면역력이 좋아진다고 하는데, 아이 돌보는 처지에서는 불안하고 안쓰러워서라도 그렇게까지 버티지 못하는 경우가 대부분이었다. 오히려 아이 에미보다도 우리가 더 성화를 해서 병원으로 달려가기 일쑤였다.

내 고뿔이 누군가의 죽을병보다 더 중하다는 말이 있다. 세상의 중한 병이야 많고많을 테고 그런 병에 걸린 아이들도 적잖겠지만, 우리 아이에 대해서라면 고작 체온계의 숫자 하나에도 마음을 졸인다. 열 쯤은 해열제로 다 내릴 것을 알면서도 어쩌면 열이 영영 내리지 않을지 모른다는 불안과 암담함이 몰려오는 순간도 있다.

작년에는 경모의 중이염이 여러 차례 재발하자 의사는 이러다 고막을 뚫는 수술을 해야 할지도 모른다고 겁을 주었다. 어린 것이 수술을 받는다는 생각만으로도 마음이 무거웠다. 여기저기 찾아보다 아카시아 꽃에 천연항생제가 들었다는 얘기를 듣고는, 이것을 증류해서 먹이거나 귀에 넣으면 좋지 않을까 한동안 생각에 골몰한 적도 있었다. 다행히 만 네 살이 되면서 발병 빈도가 줄어든 덕에 말만 들어도 끔찍한 고막수술 걱정은 한결 덜었다.

도헌이도 작년 한때는 하루가 멀다하고 관장을 해야 할 정도로 극심한 변비를 겪었지만 만 네 살 이후에는 없어졌다. 하도 고생스러워 어린 것과 에미가 화장실에서 서로 끌어안고 울 정도였다. 하지만 그런 것도 다 지나가게 마련인가보다. 요즘은 도헌이에게 "똥 잘 누니?" 하고 물으면 "맨날 바나나똥 눠요."라고 할 정도로 상태가 좋아졌다.

일회용 기저귀 예찬

"우리 세대가 체험한 인간의 발명품 중 우리를 가장 편리하게 만들어준 것이 무엇일까?" 2009년 당시 매달 한 번씩 명승고찰을 찾아다니는 여행모임에서 내가 일행에게 던진 질문이었다. 물론 사람들마다 답은 각양각색으로 다를 터였다.

전기, 텔레비전, 휴대전화, 자동차, 냉장고, 세탁기, 아파트, 신용카드, 택배, 도시가스, 슈퍼마켓, 가스레인지, 의료보험, 현금자동인출기, 인터넷, 컴퓨터, 학교급식……. 모두 공감할 만한 온갖 것들이 거론되었다. 내친 김에 순위를 매겨보자며 거수투표를 해봤더니, 맙소사! 예상 밖으로 세탁기가 일등을 차지했다. 여성분들의 지지가 압도적이었던 까닭이다.

나 자신이 한때 자취한 기억을 더듬어봐도 빨래가 제일 귀찮은 일이었던 것 같다. 한 사람 빨래도 부담스러운데, 적지 않은 식구를 거느린 가정이라면 매일처럼 빨랫감이 쏟아져나오게 마련이다. 여름은 그럭저럭 견딘다고 쳐도 겨울의 빨래란 무시무시하다. 내 어린시절에는 누구나 고무장갑도 없이 얼음을 깨고 차디찬 개울물에서 맨손으로 빨래를 했다. 손으로 비틀어 짠 겨울 빨래는 잘 마르지도 않았다. 덕장의 명태처럼 얼다 녹다를 반복하며 며칠이 지나서야 간신히 꾸덕꾸덕 마르는 것이었다. 도시생활이라 해도 1970년대까지 많은 가정의 사정은 마찬가지였다. 찬 개울물이 찬 수돗물로 바뀌었을 따름이다. 세탁기가 보편화되고서야 여성들은 그 고단한 일상에서 비로소 해방되었다. 여성의 노동을 실질적으로 대신하고 시간을 벌어준다는 측면에서 어느 가전제품도 따라올 수 없는 획기적인 발명품인 셈이다.

우리집에서 아기들을 맡아 키우기로 결정하면서 아내에게 정말 괜찮겠느냐, 감당할 수 있겠느냐고 물었더니 아내는 "이젠 기저귀 빨래도 안 하는데 뭘. 천기저귀 쓴다면 정말 죽어도 못하겠지만."이라고 대꾸했다. 아, 그러고 보니 아내는 우리 네 아이를 모두 천기저귀로 키웠다. 그 시절 늘 퇴근이 늦었던 나도 마당에 널어놓은 흰 기저귀가 어둠 속에 펄럭이던 풍경을 기억한다. 이 대목에서 큰딸도 거들었다. "나도 동생들 기저귀 개키는 게 제일 귀찮았다구요." 우리가 세탁기를 언제 샀더라. 넉넉지 않은 셋방살림으로 시작했던 터라 우리 부부는 처음부터 가진 게 별로 없었다. 살아가며 하나씩 마련하는 재미가 있다고들 하지만, 아내에게는 재미보다 고생스러운 마음이 훨씬 컸을 것이다. 여름에 큰딸을 낳고는 선풍기를 사왔었다. 작은딸이 아기일 적에 냉장고가 생겼고, 아들 태어난 지 얼마 안 되어서 큰맘 먹고 컬러텔레비전을 장만했다. 세탁기는 막내 태어나기 얼마 전에야 비로소 우리집에 들어왔다.

딸들은 우리집에 두 아이가 쓸 일회용 기저귀들을 잔뜩 사다가 쟁여놓았다. 요즘은 인터넷으로 대량 주문하는 것이 더 싼 까닭에 아예 커다란 박스에 담긴 기저귀가 몇 팩씩 한꺼번에 배달되었다. 아기 키우는 집에서는 기저귀 쌓아놓은 게 예전 쌀독에 쌀 그득히 채워놓은 것 같은 안정감을 준다고 누가 그러더니, 정말 맞는 말이었다. 그득하던 일회용 기저귀 더미가 줄어들면 마음이 금세 불안해지곤 했다. 그리고 다시 기저귀들이 쌓였다.

일회용 기저귀란 말할 것 없이 편리하다. 채울 때는 예전의 그 노란 고무줄도 필요없다. 요즘은 변이 샐까 염려할 필요도 적어졌다. 초창기에는 기저귀가 허술해서 커버를 씌워야만 했다던데 말이다. 아기가 축축해졌다고 울면 빼내서 돌돌 말아 스티커로 딱 고정시킨 후 쓰레기통에 집어넣으면 그만이다.

그에 반해 천기저귀의 경우 아무리 전자동 세탁기가 있어도 몇 번이나 사람 손이 가야 한다. 아내에 의하면 천기저귀는 단지 세탁기에 세제 넣고 돌린다고 깨끗해지지 않는다. 일정 시간 불려내고 손으로 일일이 비벼 빠는 과정은 물론이고, 심지어 반드시 삶아야 한다는 것이다. 요즘에야 아기 전용 세탁기까지 나와서 세척력도 좋아지고 삶

늙은 우리에게 있어 일회용 기저귀는
이 시대의 가장 위대한 발명품이었다!

는 기능까지 추가되었다고 하지만, 역시 사람 손이 직접 닿아야 청결을 유지할 수 있다고 한다. 그러니 아직까지 세탁기로도 절대 해방될 수 없는 빨래의 영역이 남아 있는 셈이다.

일회용 기저귀 덕분에 쓰레기봉투 값은 많이 들었다. 지구적 차원에서, 늘어날 쓰레기도 좀 걱정스러웠다. 아기들 맨살에는 역시 천기저귀가 좋지 않을까 하는 생각이 잠깐 들 때도 있었다. 그래서 내가 "요즘 젊은 엄마들은 일회용 기저귀 해롭다고 유기농 면으로 만든 기저귀까지 쓴다던데?" 했더니, 아내가 "흥, 기운이 뻗치는 젊은 애들이니깐 그러라고들 해. 난 누가 뭐래도 일회용 기저귀 쓸래."라고 대꾸했다.

천기저귀를 관리하는 노력도 노력이지만, 그런 지난한 세탁과정을 거쳐서는 도저히 두 녀석이 함께 싸대는 속도를 감당할 수 없었다. 지속가능성을 위해서 꼭 필요한 부분 외에는 가급적 효율을 높여야 했다. 일회용 기저귀는 그런 우리에게는 의심할 바 없는 구세주였다. 단지 시간과 노력을 덜어주어서만이 아니었다. 기저귀를 빨고 널고 개키는 시간을 줄여 아이들과 좀더 친밀한 시간을 보낼 수 있었다.

그러므로 당연한 결론에 이른다. 누군가 나에게 이 시대의 가장 편리한 발명품이 무언지 묻는다면 나는 목청껏 일회용 기저귀라고 답하겠다. 이것은 육아의 혁명이고 진보다. 아내의 동의는 물어보나 마나다.

안아주지 말라고?

아내와 나는 고집이 세다. 우리 자식들도 부모를 닮아서 고집이 세고 성격이 강한 편이지만, 사실 우리 고집을 자식들이 이기지 못한다.

딸들이 가끔 하는 옛날 얘기가 있다. 큰딸이 대학에 들어간 이후로 당연히 나도 세상 모든 아버지들이 하듯이 '통금시간'을 지정했다. 큰딸은 대놓고 반발을 하지는 않지만, 야금야금 집에 들어오는 시간을 늦추기 시작했다. 필경 선배들에게 조언을 들은 덕분일 터였다. 물론 아내와 나는 매번 빼놓지 않고 꾸중을 했다. 어느날 통금 시간을 2시간쯤 넘긴 큰딸이 집 현관에 들어서는데, 주방에 있던 아내가 딸을 노려보며 한마디 툭 던졌다. "너 부모 길들이냐? 그런데 미안하다. 우리는 절대 안 길들여진다." 이 말에 기가 질린 모양인지 이후 큰딸은 야금야금 전략을 포기했고, 작은딸도 막내도 군소리 없이 통금

시간을 지키는 쪽을 선택했다.

그때로부터 어언 20년 가까운 세월이 흘렀지만, 우리는 여전히 고집이 세다. 자식들이 어렸을 때 내가 자주 하던 말은 "애들이 뭘 알아?"였고, 그건 아직도 어느 정도는 유효했다. 육아방법에 대해서도 우리는 아이들이 뭐는 이렇다더라 저렇다더라 하고 어디서 본 얘기들은 얘기 옮기는 것을 그다지 높이 쳐주지 않았다. 요즘 엄마들의 정보 출처야 네이버 지식인 아니면 각종 인터넷 카페나 블로그일 텐데, 그게 다 고만고만한 나이대의 엄마들이 모여서 하는 얘기가 대부분이었다. 인터넷에서 답변하는 사람들 중에는 진짜 전문가도 있다지만, 초등학생을 포함한 어중이떠중이들도 많은 게 실상 아닌가. 젊은 사람들을 무턱대고 무시하는 것은 아니지만, 인터넷에서 얻을 수 있는 정보라야 같은 처지의 경험담이 대부분일 터. 세대를 이어가며 축적된 인류의 지혜를 대변하지는 않는다는 것이 우리의 생각이었다.

요즘은 아기를 자주 안아주면 버릇이 나쁘게 든다고 생각하는 젊은 부모들이 많은 모양이다. 조부모에게 맡겼더니 노상 안아주는 탓에 아이들이 손맛을 알아 안아주지 않으면 더 많이 칭얼댄다고 하고, 그게 유년기의 버릇까지 망치는 단초라는 것이다. 심지어 아이는 젖먹이 때부터 혼자 재워야 한다는 얘기도 있었다. 말하자면 서구식 육아법에 따라 합리적으로, 냉정하게 키우자는 논리인가보다.

아내와 나의 생각은 달랐다. 우리는 아기가 울거나 언짢아하면 바

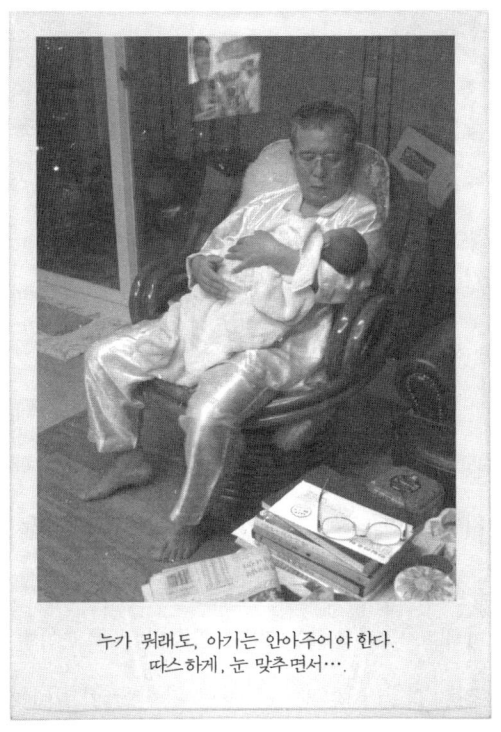

누가 뭐래도, 아기는 안아주어야 한다.
따스하게, 눈 맞추면서…

로 안아주었다. 안아서 달래고 안아서 먹이고 안아서 트림시키고 안아서 쓰다듬고 안아서 재웠다. 아기도 혼자 누워서 버둥거리는 것보다는 어른의 품에 안기는 것을 훨씬 더 좋아했다. 아주 갓난쟁이 때부터 어른과 눈을 마주치고 알아들을 수 없는 소리나마 서로 대화하듯 따라 하는 것을 좋아했다.

처음에는 고작 3킬로그램이 넘는 아기들이었다. 한 달 정도가 지나자 아기들은 태어날 때 몸무게의 두 배가 되었다. 3킬로그램짜리 설탕 포대도 안고 있으면 힘들다. 하물며 두 개의 포대는 더 힘들다. 여름이 가까워 올수록 아기들은 점점 살이 올랐고, 그만큼 나의 팔과 어깨에 가해지는 하중도 늘어났다. 초기 너덧 달은 상대적으로 얌전한 도헌이보다 깨어 있는 대부분의 시간 동안 칭얼거리던 경모가 두 배쯤 돌보기 힘들었다. 안아주지 않으면 당장 몸을 뒤채며 억울한 낑낑거림과 울음이 와락 터져나왔다.

아내야 원래 파스와 함께 사는 사람이었고, 나도 전에 없이 어깨와 팔과 등허리에 파스를 매일처럼 갈아붙였다. 그 꼴을 본 딸들은 왜 그렇게 노상 아기를 내려놓지 않느냐 성화를 했다. 하지만 나는 못 들은 척 고집스럽게 아기들을 안고 업었다. 관절이 시원치 않은 아내도 마찬가지였다. 아내는 말싸움하는 것도 귀찮다는 듯 "이렇게 귀여운 것을 어떻게 안 안아줘!"라고, 맹목적이고 무식한 할머니처럼 대답하곤 했다. 우리는 속으로 이렇게 해야 잘 크는 법이라고, 너희들도 다 이렇게 안고 업어서 키웠다고 되뇌었다.

아기들이 부모를 특히 못살게 구는 시기가 있다. 낮밤이 바뀌고 한밤이나 새벽의 칭얼거림이 심해지는 때다. 그런 기간은 실상 몇 달에 불과한데도 겪는 처지에서는 영원처럼 느껴지는 고통스러운 시간이다. 딸과 사위들은 한밤에 아이 때문에 잠에서 깨어날 때마다 노상 아기를 안아주었던 우리를 원망했을지도 모른다. 하지만 아이를 기르는 것은 장거리 경주다. 잠시만 참으면 될 어른의 불편함을 덜기 위해 아이들을 냉정한 방식으로 키우는 것은 나 자신이 용납할 수 없었다.

집에서 엄마가 직접 키운 아기 중에도 선천적이지 않은 유사자폐증을 보이는 경우가 있다고 한다. 엄마가 아기를 차갑게 대하면 그런 불행한 일이 생기기도 한다는 것이다. 아이의 양육자가 누가 되었든 아이에게는 눈 맞춰주고 웃어주고 안아주는 어른이 필요하다. 애당초 아내와 나는 아기들에게 부족한 엄마를 대신해주고 싶어서 맡아 기르기 시작한 것이다. 그리고 그게 자신의 부모에게 아이를 맡기는 모든 자식들의 궁극적인 바람이라고 생각했다. 돈이나 물건으로는 절대 대신할 수 없는 게 바로 그 따스함 아닌가.

나는 고집스럽게, 모르는 척, 팔이 떨어지는 것 같아도, 허리가 끊어지는 것 같아도, 아이들을 안고 또 안아주었다.

뱀딸기를 찾아서

2008년 2월경이었다. 저녁나절 경모를 목욕시키던 아내가 다급히 나를 불렀다. 아이 몸의 여기저기 피부가 거칠하고 붉었다. 특히 무릎 뒤 오금이나 종아리, 허벅지 부분이 그랬다. 이 녀석은 태어날 때부터 태열이 있어서 생후 몇 개월이 지나서도 얼굴과 몸에 드문드문 붉은 기가 보였다. 그래서 약간 붉은 기가 있어도 태열이 다 가시지 않았겠거니 하고 넘어갔는데, 이번에는 조금 달랐다. 아내와 나는 가슴이 철렁했다. 이게 아토피인가? 어린 것들이 가려움에 못 이겨 밤잠도 못 자고 피가 나도록 긁어댄다는 그 난치병이란 말인가?

이튿날 병원을 찾았다. 의사도 아토피 초기 증상 같다고 했다. 피부 보습이 중요하다는 말을 들었다. 심해질 때 바르라며 연고를 처방해 주었다. 아내는 그러고 보니 그간 아이에게 로션을 별로 안 바른 것 같다고 했다. 집안 습도도 맞춤하고, 식구들 중에 피부가 건조한 사람이 별로 없어서 경각심이 없었던 탓인 듯하다. 그날 이후 보습 로션은 열심히 발랐지만, 경모의 상태는 나아지지 않고 오히려 더 심해지는 듯했다. 아직 아이가 심하게 가려워하지는 않았지만, 아토피 같다는 진단을 들은 터라 다들 울상이었다. 아이 에미는 아토피에 좋다는 로션을 여러 개 사왔다. 어떤 것은 그럭저럭 현상을 유지하는 정도였지만, 어떤 것은 붉고 거친 기운을 더 심해지게 만들었다.

경모 친가에서 아이를 볼 때에는 강남에서 유명하다는 아토피 전문 소아과도 가봤다고 한다. 거기서는 외국산 로션과 연고를 주었다. 연고에는 분명 스테로이드제가 들어 있을 것이고, 내성이 두려워 쓰기가 조심스러웠다. 유일한 아토피 치료약이라는 스테로이드 연고의 장기 사용으로 인한 부작용이 아토피 증상과 똑같다고 하니 말만 들어도 무서운 일이다. 마지못해 가끔씩 연고를 발랐지만, 붉은 기가 가라앉는 것은 잠시뿐이었다.

한숨과 걱정으로 석 달여를 보냈다. 큰딸은 매일처럼 책과 인터넷을 뒤져본다고 했다. 경모 에미 애비는 주말에는 아이를 데리고 약알칼리 온천을 찾아다녔고, 온천욕 효과가 있다는 일본산 입욕제도 사왔다. 그런 용품들을 쓰면 잠시 호전된다고 느껴질 때도 있었지만, 실상 아이의 피부는 조금씩 꾸준히 나빠지는 것만 같았다.

그러던 어느 날 점심 무렵, 큰딸에게서 급하게 전화가 걸려왔다.
"엄마, 아토피에 뱀딸기가 약이 된대요. 근데 제가 마침 점심시간에 화단에서 뱀딸기 넝쿨 두어 개 발견했거든요. 저녁에 한번 가지고 가 볼게요. 아, 열매는 모르겠고 뿌리, 잎, 줄기 모두 한꺼번에 말려서 끓여 쓴다네요." 뜬금없는 뱀딸기 타령이나마 아내와 나는 솔깃해졌다.

뱀딸기라……. 시골에서는 밭두렁과 수풀에 흔한 풀이었다. 뱀이 먹는다는 동그랗고 빨간 열매가 예뻤을 뿐 아무짝에도 쓸모없는 잡초였다. 어디 약으로 쓴다는 얘기를 들은 적은 있는데, 통 기억이 안 났다. 민간요법을 꽤 믿는 아내가 거들었다. "참, 시행이 어릴 때 백납도 그렇게 몇 년이나 병원 다녀도 안 낫더니 소리쟁이 달인 물 발라서 좋아졌잖아요. 뱀딸기도 그럴지 모르겠네." 우리집에서 민간요법을 신봉하게 된 계기가 그거였던가. 나도 덩달아 마음이 급해져서 유모차를 끌고 뱀딸기를 찾아나섰다.

때는 5월이고 열매가 맺힐 때라 어딘가 있기만 하다면 알아보긴 쉬울 터였다. 집 근처에는 야트막한 야산이 전부였지만, 막연하게 어디선가 구할 수 있을 것만 같은 기분이 들었다. 오후 내내 유모차를 끌고 야산 주변을 헤맨 지 얼마나 되었을까. 어디서도 뱀딸기 비슷한 것조차 찾지 못했다.

개똥도 약에 쓰려면 없다더니, 혀를 차던 참이었다. 예닐곱 살쯤 된 여자아이 둘이 다가와서는 "할아버지, 이거 예쁘죠? 애기 주게 드릴까요?" 하고 손에 쥔 것을 보였다. 놀랍게도 그건 뱀딸기의 빨간 열매였다. 뛸 듯이 반갑고도 놀라웠다. 어디서 땄느냐고 황급히 묻자 여자아이들은 학교의 철망 울타리 근처 수풀을 가리켰다. 사람이 다니는 길에서는 잘 보이지 않는 웅숭진 곳이었다. 가까이 다가가보니 바로 그 뱀딸기 넝쿨이 무성했다. 간절히 찾아다닌 덕분일까. 순간 이게 꿈인가 생시인가 싶었다. 조심스럽게 열매가 달린 넝쿨들을 하나씩 걷었다. 잠깐 동안이지만 꽤 많은 양을 거둘 수 있었다. 유모차 밑의 바구니에 그 넝쿨들을 넣고 나는 듯이 집으로 돌아왔다.

그날 저녁 내가 거둔 생넝쿨과 큰딸이 화단에서 구해온, 채 덜 마른 넝쿨을 함께 넣고 끓였다. 갈색 물이 우러나왔다. 아내가 저녁 목욕 후부터 다음날 아침나절까지 아이에게 그 물을 두 번 정도 발랐다. 점심 무렵 아내가 흥분한 목소리로 "여보, 이거 정말 약 되네. 성하던 붉은 게 거의 없어졌어요." 하는 것이다. 정말 신기했다. 절망 속에서 빛을 본 것 같았다.

다른 엄마들은 그냥 뱀딸기 넝쿨을 우린 물로 목욕 후에 헹구는 정도로 썼다고도 하고, 살짝 끓인 물을 분무기에 넣어서 발랐다고도 했는데, 우리 식구는 좀더 독했다. 나도 인터넷을 찾아봤다. 뱀딸기 넝쿨이 본래 한약재로 어린 싹은 된장국에 넣어서 먹을 수도 있으며, 최근에는 암 치료에 쓰이기도 한다는 기록을 보고 독성은 없다는 확신을 갖게 되었다. 무엇보다 아이에게 무리가 없고 순했다. 다음날부터 아내는 약을 달이듯이 더욱 진하게 넝쿨을 우려냈다. 예상대로 농축액을 바르니 더욱 효과가 좋았다. 심지어 실험정신이 강한 아내는 액을 바르기 전에 아이에게 연하게 우린 물을 몇 모금씩 마시게도 했다. 아이도 구수한지 잘 받아마셨다. 역시 괜찮았다.

이 얘기가 집안 내에 전해지자 특별히 부탁을 한 것도 아닌데 일가친척의 자발적인 뱀딸기 찾기 운동이 시작되었다. 팔순이 넘으신 장모님은 시골이라도 논밭 근처에서는 농약이 묻었을지도 모른다며 며칠 동안 산으로만 찾아다니셨다고 한다. 증손자에게 쓸 약이라니 없던 힘도 나셨나보다. 장모님이 본래 손이 크시지만, 특히 이번에는 노인네 혼자서 거두셨다고는 믿기지 않는 양이었다.

어찌 들으셨는지 산행이 취미라는 큰사위의 외삼촌께서도 어마어마한 양의 넝쿨을 보내오셨다. 경모 할머니 댁의 동기간 정이 돈독하다고 하시더니 그 덕택인 듯했다. 그분들이 다녀가신 산에서는 몇 해 동안 뱀딸기는 구경도 하기 어려울 것 같다. 이렇듯 주변의 고마운 도움으로 그해 뱀딸기 철이 지나고 가을, 겨울을 나기에도 충분한 양의 넝쿨을 모았다. 덕분에 해가 바뀌어도 약재에 대해서는 걱정할 필요가 없었다.

물론 뱀딸기 달인 물을 한두 번 발랐다고 해서 몇 달 동안이나 진행되던 경모의 아토피 증세가 일거에 사라진 것은 아니다. 농축액은 아침저녁으로 발랐고, 꾸준히 쓴 만큼 상태는 조금씩 하지만 느낄 수 있을 만큼 나아졌다. 어쩌다 중간중간 조금 안 좋아질 때도 있었지만, 신기하게도 뱀딸기 달인 물만 바르면 한 시간 이내로 진정이 되었.

만 세 살 때에는 거의 뱀딸기를 잊고 살 정도로 완치상태가 지속되기도 했다. 만 네 살을 넘긴 지금까지도 건조한 겨울이나 땀을 많이 흘리는 여름에는 팔다리가 접히는 부위를 중심으로 건조하고 붉은 기운들이 돋아날 때가 있다. 음식은 물론이고 청결과 보습에 아무리 신경을 써도 열이 많은 이 아이의 체질 문제인지 완전히 벗어나지는 못한 것 같다. 그러나 우리에게는 신비의 영약인 뱀딸기가 있다. 그리고 무엇보다도 아이를 위해서라면 한 마음으로 애태우고 움직이는, 지극한 정성을 가진 가족이 있다.

다 사람 사는 소리

 아파트 생활에서 가장 큰 불편은 층간 소음이 아닌가 싶다. 아파트에서 아이를 키운다는 것은 주변에 매일처럼 죄를 지으면서 사는 일이나 다름없다. 어린 아기들이었을 때에는 시도 때도 없는 울음소리가 신경 쓰였다. 이내 아이들이 제 몸을 움직이면서부터는 놀이라는 것이 전부 굴리고 밀고 던지고 뛰는 동작들의 조합이었다. 이건 아이들을 가두고 묶어두지 않는 한 말릴 방법이 없다. 항시 가슴 졸이면서 타일러보고 꾸짖어보지만 잠시뿐이다.
 우리 가족의 아파트 생활은 1999년부터이니 비교적 이력이 짧다. 그 전까지 우리는 줄곧 단독주택에서 살았다. 집이 넓지는 않아도 아이들이 내는 소리 정도로 이웃을 의식하지는 않았었다. 넷이 한꺼번에 마루에서 쿵쾅거리고 뛰어노는 것은 우리에게는 자연스러운 일상이었다. 아내 역시 혼자 아이 넷을 다루려면 목소리가 작아서 될 턱이 없었다. 이처럼 우리집은 무척 시끄러웠지만, 다행스럽게도 시끄러워서 신경 쓰이는 일은 별로 없었다. 덕분에 우리 자식들은 이모 댁에라도 놀러가면 발소리가 크네 문 닫는 소리가 엄청나네 하는 타박을 들었던 모양인데, 집으로 돌아오면 그뿐이니 아내도 나도 아이들에게 특별히 주의를 주지는 않았다. 모처럼 아파트로 이사한 것도 자식들이 장성한 이후라서 크게 문제될 것은 없었다. 다만 자식들이 아내를 닮아 목소리가 좀 큰 편이라 서로 간의 다툼이라도 있으면 혹시 아래윗집에 내용이 다 들리지는 않을까 염려한 정도였다.

자기가 내는 소음에는 관대하지만, 남이 내는 소음에는 예민한 것이 사람이다. 우리도 아파트로 이사 와서 한동안은 별로 심하지도 않은 위층의 피아노와 첼로 소리, 새벽마다 돌아가는 진공청소기 소리에 상당히 괴로웠던 기억이 난다. 두어 달을 참다 참다 위층의 초인종을 누르고 볼멘소리를 했더니, 고맙게도 진공청소기는 아침나절에 돌리는 것으로 알아서 처리해주었다. 주인이 집을 비울 때는 밤새 짖어대는 아래층의 개도 대단했다. 명절 기간 내내 개 짖는 소리에 잠을 못 잤다고 메모를 붙여 하소연하자 아래층 주인은 미처 몰랐다며 직접 찾아와 사과를 했다. 사실 그동안 우리도 어떤 소음으로 이웃에 알게 모르게 피해를 끼치며 살았는지 모르겠지만, 아무튼 2007년까지의 이력은 그래도 이웃으로부터 대놓고 항의를 들을 정도는 아니었다.

그러나 사정이 달라졌다. 아파트에서 아이를 키워보는 것이 처음인 우리로서는 '어떻게 층간소음을 처리할 것인가' 하는 문제가 물리적으로 가장 큰 난관이었다. 이번에는 우리가 꼼짝없이 그 몰염치하고 시도 때도 없는 소음의 주범이 되고 말 것이었다.

위층의 악기 소리가 그다지 괴롭게 들리지 않은 것은 윗집 아이들의 연주가 입시공부이거니와 연습실에 방음장치가 되어 있는 덕택이기도 했다. 게다가 악기 소리란 일정한 시간을 정해놓고 들리는 법이다. 그 무렵에는 주인이 집에 없으면 지나치게 괴로워하던 아래층의 개도 없어진 지 오래였다. 아랫집과 소음을 상계할 상황도 아니었다. 아쉬운대로 방음장치라도 했으면 좋겠다 궁리는 해봤지만 아이들이 방을 정해놓고 돌아다니는 것도 아니니 별로 소용이 없겠다는 쪽으로 다시 생각이 미쳤다. 극단적으로 모든 바닥과 벽을 다 스폰지로 감쌀 수도 없는 노릇이었다.

아내와 나는 그냥 숨죽여 아래층의 처분만 기다리기로 했다. 분명히 참다못해 항의를 해올 것만 같았다. 아이들이 장난감을 떨어뜨려도, 보행기를 끌고다녀도, 공놀이 하겠다며 설쳐도, 그냥 여기서 저기로 탁탁탁 뛰어다니기만 해도 아랫집 생각을 했다. 아랫집은 의외로 오랫동안 잠잠했다. 딱 한 번, 두 녀석이 거실의 회전의자를 마구 돌리면서 놀고 있는데 "몸이 불편하니 소리를 좀 멈추게 해주세요." 하고 인터폰으로 연락이 왔다. 이제 올 것이 왔구나 싶었다. 얼른 아이들을 제지했지만, 내내 마음이 편치 않았다.

며칠 후 내가 아랫집 안주인과 같이 엘리베이터를 타게 되었다. 나는 민망하고 조심스럽게 인사를 건넸다. "우리 애들 때문에 많이 불편하시죠? 정말 죄송합니다." 한 녀석을 유모차에 태운 채였다. 이런 인사는 진작 해둘걸, 하는 때늦은 후회가 엄습했다. 한편으로는 아무리 미리 미안해했어도 소리가 들릴 때마다 짜증은 났을 것이라는 무력감도 들었다. 내가 그토록 싫어하던 아랫집의 개 생각도 났다. 나는 착잡한 마음으로 그의 안색을 살폈다.

뜻밖이었다. 그는 얼굴 가득 환한 웃음을 지어주었다. "아유, 다 사람 사는 소리인걸요." 그는 짧지만 진실로 위안이 되는 한마디를 던지고 나서 "아가, 잘 가라." 하며 엘리베이터에서 내렸다. 마음 졸이던 순간이 그렇게 지나갔다. 집에 들어와서 아내에게 이 얘기를 했더니, 아내도 두고두고 그 마음 씀씀이를 고마워했다.

이웃을 사랑하라고 했던가. 그러나 부딪칠 일이 많은 이웃처럼 사랑하기 어려운 대상도 없다. 이웃은 미워하지 않고 봐주는 것만 해도 큰 은혜다. 별로 베푼 것 없이도 아이들을 키우는 덕분에 세상 사람들로부터 과분한 은혜를 입고 있음을 실감했다.

엄마들을 위하여

아이를 많이 낳게 하려면

 대학시절 농업경제를 가르치던 은사님이 자주 하시던 말씀이 있었다. "자네들 졸업하거든 뭐든 정부에서 시키는 것과 반대로 해야 성공하네." 그 당시 농촌은 영농을 다각화시켜야 한다고 정책적으로 양잠, 양돈, 버섯재배 등을 장려했는데 그 지침을 따른 사람들은 모조리 망했다. 공급이 수요를 창출하지 못하던 열악한 경제상황 탓이기도 했지만 쏠림현상에 의한 초과공급 자체도 문제였다고 생각한다.
 한창 둘만 낳아 잘 기르라는 산아제한 정책이 우리나라를 휩쓸 때였다. 교수님은 같은 맥락의 '청개구리' 원칙을 주장하셨다. "자네들은 그 말 들으면 후회해. 되도록 아이는 많이 낳게." 교수님 스스로도 당시 4남매를 두셨다. 딱히 그 말씀을 신봉해서는 아니지만, 어쩌다 보니 우리 부부도 딸, 딸, 아들, 딸의 순서로 4남매나 낳게 되었다. 장

남인 나는 당연히 아들을 보고 싶었고, 혹시나 했던 막내가 딸로 태어나는 바람에 본의 아니게 딸 많은 집이 되고 말았다. 다행히 아내가 건강했으며 나도 아내도 아이를 많이 낳는 것에 대한 거리낌이나 두려움이 별로 없었다.

물론 친구나 동년배들은 대부분 두 자녀를 두었고, 정부 시책에 세뇌된 나머지 우리 같은 자식 욕심쟁이들을 종종 '원시인'이라고 불렀다. 우리 바로 윗세대가 한 다스쯤 낳아서 반쯤 건지고 하던 것을 생각하면 좀 억울한 면도 있다. 심지어 전에 살던 동네에서는 아내가 나이보다 훨씬 젊게 보이는 탓인지 후처라는 소문이 난 적도 있었다. 젊은 여자가 아이를 넷이나 데리고 다니니 분명 위의 둘쯤은 전처 소생일 것이라는 추측에서 비롯된 소문이었다. 막상 그런 얘기를 듣고보니 큰딸과 작은딸은 엄마를 많이 닮지 않은 것도 같았다. 아들과 막내가 키도 크고 가무잡잡한 것이 제 엄마를 많이 닮은 데다, 아내가 유독 큰애들을 심하게 닦달하는 품도 영락없이 계모라는 인상을 주지 않았나 싶다.

동네 아주머니들 사이의 해프닝으로 끝났던 소생 논란이야 어찌되었든, 그 시절에도 외벌이 월급쟁이가 네 아이를 먹이고 입히는 건 수월치 않았다. 큰딸이 입던 낡은 옷을 막내에게까지 물려 입혔고, 중간의 아들내미 하나는 친척이나 지인들의 옷을 얻어다 입혔다. 특별히 나쁜 것을 먹이지는 않았겠지만, 몇십 년 키우면서 외식해본 경험이 손에 꼽힐 정도면 아무래도 잘 먹이고 호강시켜가며 키웠다고 보기는 어렵겠다.

그나마도 아이들 모두 과외 한 번 받지 않고도 공부를 곧잘 해준 데다 이래저래 장학금을 받아온 덕에 넉넉지 않은 살림이나마 다들 대학까지는 무사히 마치게 할 수 있었다. 이후 아이들은 석·박사학위니 취직이니 외국연수니 하는 것들은 모두 제 힘으로 해냈으니, 요즘 기준으로 보면 하나 키울 값으로 넷을 거저 키우다시피 한 셈이다. 좀 부족했던 환경이 오히려 아이들에게는 독이 아닌 약으로 작용했던 것 같다. 정부 시책까지 거스른 이 모험은 그럭저럭 성공했다는 평가를 얻고 있다. 물론 베팅의 성패는 그 자체의 정당성이 아니라 대부분 아이들의 타고난 자질과 운에 의해 결정된다. 돌이켜보면 우리 가족은 비교적 운이 좋았고, 그 운에 감사하는 마음이다.

세상은 이제 인구가 줄어들고 젊은이가 부족하다면서 아이들을 되도록 많이 낳으라고 장려한다. 고작 한 세대가 지났을 뿐인데, 정부 시책은 180도 바뀌었다. 돈으로 제도로 유혹을 하지만 이번에는 예전처럼 잘 통하지 않는 모양이다.

딸들과 얘기를 나눠보면 혜택은 찔끔찔끔 미미하고 아이를 키우는 데 예상되는 부담은 줄지 않았기 때문이란다. 예전에 아이를 적게 낳으라는 시책은 농경사회를 막 벗어나 급속한 도시화가 이루어지는 상황과 맞물려서 개개인의 삶에도 설득력이 있었다. 그러나 요즘의 출산장려책은 보다 높은 삶의 질을 누리고자 하는 개인의 필요에 부응하지 못하면서 국가에 대한 의무나 다음 세대에 대한 책임과 같은 모호한 가치에만 호소하는 데 그친다.

생각건대 생명을 가진 모든 것들은 본능적으로 새끼를 낳아야 할 때와 상황을 안다. 개개인의 판단에는 오류가 있더라도 집단의 흐름에는 합리성이 있다. 과거에는 영아사망률이 높고 평균수명이 낮았다. 아이를 많이 낳아야 노후의 생계가 해결되던 측면도 있었다. 전쟁에 의한 대량학살을 겪고 나면 베이비붐이 오게 마련이었다.

지금의 물질적 풍요 속에서도 출산을 꺼린다면 분명히 이유가 있는 것이다. 요즘에는 적게 낳아도 온전히 성장시킬 수 있다는, 의료수준에 대한 기대치가 있다. 게다가 다산은 부모의 행복과는 반비례한다는 인식이 확고한 것 같다. 무엇보다 고비용의 교육을 뼈빠지게 시켜놔도 실업이 만연하다. 그 탓에 젊은이들은 결혼도 출산도 쉽지가 않다. 게다가 고령화 사회에서 늙은이들을 부양해야만 하는 그 다음 세대의 미래도 암울하기만 하다. 요행히 직장을 가진다 하더라도 남성적인 조직문화의 팍팍함은 여전하고 사회적으로 가족을 앞세우는 선진적인 문화도 자리잡지 못했다. 출산율은 그저 '여성들이 이기적이고 근시안적'이라서 낮아진 것이 아니라, 사회적·경제적·문화적 큰 흐름이 빚어낸 결과다. 이런 상황에서 사소한 유인 몇 가지를 부여한다고 극적인 변화가 도래할까.

그러니 국가의 선택은 두 갈래인 것 같다. 보다 근본적인 해결책을 복합적이고 다층적으로 끈기 있게 적용해나가든지, 아니면 이미 이루어진 변화를 인정하고 양보다는 질에 집중하는 쪽을 선택하든지…….

위정자들이 출산율 수치 따위로 젊은이들을 애국심, 이타심 같은 무형의 가치에 얽어매 부담을 주지는 않았으면 좋겠다. 가깝게는 우리 딸들이 좀더 편하게 아이를 낳고 기를 수 있었으면 좋겠다. 많이 낳든 적게 낳든, 그것은 어느 누구도 아닌 엄마가 되는 그들의 선택에 맡겨두어야 한다. 어떻게 하면 이 나라의 엄마들이 편하고 행복해질까를 생각한다면 저출산의 해법도 한결 쉬워지지 않을까 싶다.

네 아이의 추억

손자들을 키우다보니 자식들 기억이 새로울 수밖에 없었다. 아기들을 종일 붙잡고 어르고 씨름하다보면 우리 4남매의 탄생과 성장이 한 덩어리의 기억으로 소용돌이치며 맴돌곤 했다. 아내 혼자 고군분투하며 네 아이를 키워냈고 나는 밤이 되어서야 잠깐 들여다보는 방관자 같은 존재였었지만, 그래도 아이들마다의 아기 때 기억은 참으로 강렬하고 쉽사리 잊혀지지 않는 것이다.

큰딸은 기적 같은 존재였다. 아내의 첫 번째 임신은 매우 신기한 사건이었다. 비로소 사내로, 가장으로, 무거우면서도 떳떳한 책무를 느끼는 순간이기도 했다. 막 더위가 찾아오려는 초여름이었다. 오후 3시가 넘어 출산 소식을 듣고 퇴근을 앞당겨 찾아간 병원에서 큰딸을 처음 만났다. 산고를 치르느라 퉁퉁 부은 얼굴의 아내 품에 안긴 새 생명은 어색하고 낯설었다. 우선 생김새부터가 이상했다. 곁에 있던 장모님이 "처음 갓난쟁이를 봐서 이상하지, 조금만 지나면 예뻐져." 하고 거드셨다. 그 말씀대로인지 아기의 얼굴을 한동안 들여다보고 있노라니 문득 오랫동안 우리가 이렇게 어울려서 살아왔던 것만 같은 친밀감과 뭉클한 기분이 느껴졌다. 아내가 복숭아 꿈을 꾸고 얻은 첫딸은 생김새가 복스러웠다.

좁은 셋방에서 자란 아기는 엄마와 단 둘이 보내는 시간이 많았다. 아기는 누워서도 쪽문으로 이어진 부엌 쪽의 엄마를 보면서 놀았다. 큰딸이 기기 시작할 때부터 행여라도 쪽문의 문지방을 넘어 다칠까봐 아내는 아기의 몸을 묶은 끈을 책상다리에 연결해두곤 했다. 바깥으로 나갈 때에는 등에 업고 띠를 둘러서 맸다. 큰딸은 내가 유달리 많이 업어주었는데, 덕분에 등짝에 수시로 따끈한 오줌세례를 받곤 했다. 보행기도 유모차도 구하기 어려운 시절이었다. 서로 몸을 맞대고 눈을 맞추고 치다꺼리를 하는 자잘한 일상 자체가 정을 더욱 깊게 만들었다. 첫아이가 자라나는 과정은 모든 게 신통하고 대견했다.

아내는 열성으로 아이에게 이유식을 해먹였다. 나는 가난한 시골집에서 잘 먹고 자라지 못한 탓에 어린 아기에게 그렇게 많은 고기와 야채를 갈아 먹일 수 있다는 사실에 놀랄 뿐이었다. 그걸 잘 받아먹은 덕분인지 타고난 체질이 좋아서인지 큰딸은 내내 토실토실하고 잔병 없이 건강했다. 다소 중성적으로 생긴 큰딸은 "고놈 잘생겼다." 소리를 곧잘 들었고 살림밑천 맏딸답게 고사리손으로도 엄마를 잘 도와주었다. 고작 세 살 난 녀석이 한 시간을 넘게 앉아 아이답지 않은 끈기를 보이면서 콩을 깠다고 지금도 장모님은 칭찬을 하신다. 그런 식의 끈기가 큰딸이 지금까지 보여준 성실함과 모범생다움의 싹수였던 것 같다.

작은딸은 엄동설한 정초에 태어났다. 그 아이를 첫 대면한 것도 퇴근길 병원에서였다. 순산 소식을 전해주신 장모님은 성별은 말하지 않으셨다. 내심 짐작은 했지만 입원실 표지판에서 아내 이름 옆에 있는 기호를 보자 또 딸이구나 싶은 실망감이 구체적으로 다가왔다. 아내는 미안하다는 듯 어색한 표정으로 나를 맞았다. "섭섭이가 태어났어요." 하는 아내의 말에 "섭섭키는… 다 우리 팔자지." 해놓고 보니 문득 아기에게 미안한 생각이 들었다. 그 당시 나는 왜 그토록 아들을 바랐던 걸까. 남자라면 다 그런 것인지, 시대의 유행이 그런 것이었는지 모르겠지만 지내놓고 보니 건강하게 태어난 아기를 두고 어른들의 필요에 따라 섭섭해하고 혹은 반가워하는 일은 참으로 어리석다.

막상 겪어보니 작은딸은 순하디순한 순둥이였다. 보채거나 조르는 일도 거의 없었다. 큰딸은 첫째라서 정신없이 키웠다지만, 고작 두 살 반 터울밖에 나지 않는 작은딸이 까다로웠다면 아내가 더 힘들었을 것이다. 이 아이가 태어나고 나서 바로 집장만을 했으니 복덩이라고도 할 만했다. 외모로는 친탁을 가장 많이 한 아이였는데, 신기하게도 나의 고모님을 많이 닮았다. 동그랗게 쌍꺼풀이 진 눈하며, 작고 야무진 입하며, 모두 눈에 띄게 예뻤다. 큰딸에 비해 이목구비의 선이 곱고 귀여운 작은딸은 딸 키우는 맛을 느끼게 해주었다. 아빠에게 매달리기도 잘 했고, 재롱도 잘 피웠다.

집념과 성취욕이 강한 언니와 달리 작은딸은 유연하고 편안한 성격이었다. 매사에 욕심을 부리지도 않았고 자의식에 사로잡혀 부끄러워하거나 쭈뼛대는 법도 없었다. 그건 신기하게도 지금까지 한결같다. 무난하고 욕심없는 성격 때문일까. 우리가 큰딸이나 아들에 비해 관심을 덜 기울인 면이 있다. 돌아볼수록 작은딸에게 미안해지는 대목이다. 공부 안 한다고 우리가 타박도 제일 많이 했지만 작은딸은 우리 집에서 박사학위를 제일 먼저 땄다.

아들은 윤이월의 마지막 날 자정에 태어났다. 통금시간에 걸리지 않으려고 어머니만 산모 곁에 있게 한 뒤 모두 집에서 초조하게 기다렸다. 태어날 아기의 성별은 여전히 알 수 없던 때였다. 전화도 없던 시절이라 통금이 해제되고 난 새벽에야 어머니가 대문의 벨을 누르셨다. 조심스럽게 어머니의 안색을 살피자 다소 흥분한 목소리로 "아들 낳았다."라고 말해주셨다. 병원에서 만난 아내는 얼굴에 웃음을 띠고는 '거 봐, 해냈지.' 하는 표정을 지었다. 나도 마침내 아들을 보았으니 기뻐서 어쩔 줄을 몰랐다. 그해 정초에 이미 세상을 떠난 할아버지께서 내게 황소 한 마리를 건네주시는 꿈을 꾸었는데 그게 태몽이라고 생각되었다.

그러나 아들은 처음부터 쏟아지는 주변의 지대한 관심에 어깃장을 놓고 싶었는지, 몸이 꼬챙이처럼 뻣뻣하고 목이 쉬도록 울어대기 일쑤였다. 얼굴과 속살까지 가무스름한 아들은 피부색은 물론 이목구비도 나를 닮지 않았다. 이 녀석은 유모차에 태워놓아도 울었고 좋은 옷을 골라 입혀도 울었다. 순한 작은딸 이후 두 살 터울로 맞이한 아들은 까칠하고 수월치 않았지만, 그래도 귀하고 반가운 아들이라 힘든 걸 느끼지 못했다.

  아들은 공교롭게 엄마 젖을 먹지 못하고, 일찍부터 분유를 먹일 수밖에 없었다. 게다가 입이 짧아 살이 붙지 않으니 조금이라도 더 먹여보고 싶은 욕심에 당시로서는 귀한 수입 이유식을 사다 먹이기도 했다. 이렇게 까탈스러운 유아기를 보낸 덕인지, 녀석은 자랄수록 좋은 기억력과 총명한 자질을 보여주었다. '소심해야 공부를 잘 한다'는 주장이 맞는 것 같았다. 이후로 아들은 공부라면 정말 남부럽지 않게, 내 기대를 몇 배나 넘을 정도로 잘했다. 운동과 특기활동까지도 신기할 만큼 잘해냈다.

  막내와는 그야말로 운명적으로 만났다. 혼자 버는 월급쟁이 처지에 이미 자식 셋도 버거웠다. 아내는 예상치 않게 막내를 임신하고는 많이 망설였다. 하지만 아내가 셋째 때와 비슷한 태몽을 꾸었다니 아무래도 아들일 것 같다는 예감이 있었다. 여전히 병원에서는 아기의 성별을 가르쳐주지 않았으므로 우리로서는 태몽으로 짐작할 수밖에 없었다. 막상 낳아보니 검은 코끼리와 황금 구렁이 꿈으로 잠시나마 우리를 현혹시켰던 아기는 딸이었다. 이전 세 아이의 경우 아내의 태몽이 늘 적중했었기에 의아할 정도였다. 운명으로 생각할 수밖에 없었다.

　이처럼 나름의 우여곡절 끝에 우리 곁에 온 막내딸은 우리 눈에 한없이 귀엽기는 했지만, 울퉁불퉁 이마가 튀어나온 짱구였고 어릴 때부터 눈에 띄게 예쁜 아기는 아니었다. 나는 막내에게는 '감자'라는 별명을 지어주었다.

　막내는 언니들과 오빠에 둘러싸여 자라니 아내가 한결 수고를 덜었다. 저녁에 퇴근할 때면 막내를 업어재우는 아홉 살 난 큰딸과 마주치곤 했다. 보살핌을 많이 받고 자라서인지 막내는 겁이 없었다. 서너 살 무렵에는 무려 세 번이나 연달아 잃어버려 혼비백산 했다. 혼잡한 데 가서 얼결에 손을 놓친 것도 아니고, 매번 막내 혼자 아장아장 집을 뛰쳐나갔다. 세 살 때 아내가 제 오빠 유치원 데려다주러 간 사이에 집을 나가 어른걸음으로도 40여 분 걸리는 고속도로변에 서 있다가 미군 트럭을 타고 부천까지 다녀와서 근처 경찰서에 맡겨진 것을 시작으로, 모임에서 늦게 돌아오는 엄마 아빠 마중을 나간다며 밤중에 놀이터에 혼자 나와 있기도 했다. 괜히 혼자 오빠 학교 근처까지 갔다가 돌아오는 길에 방향을 잃어 어느 쌀집에서 밥을 얻어먹으며 저녁까지 놀고 있던 것은 네 살 때 일이다. 막내는 결국 식구들로부터 '도망자'라는 별명을 얻었다. 막내의 주체할 수 없는 모험심과 역마살은 그때부터 이미 발현되고 있었던 것 같다.

　아이들의 유년에 대한 기억은 우리의 보물창고이다. 아내와 나는 아이들 어릴 적 얘기들을 주고받으며 시간을 보낼 때가 많다. 우리의 기억에 한계가 있으니 레퍼토리는 뻔하지만 해도해도 싫증이 안 나는 것이 바로 아이들 어릴 적 얘기들이다. 생각해보면 다들 티 없는 천사의 모습으로 우리 곁에 왔다. 지금은 그때와 똑같이 보이지 않는다고 하더라도 그건 아이들 탓이 아니라 아이들을 키운 우리와 야속한 세월의 탓이다. 그래도 그 어린 모습을 기억하고 있기 때문에 자식들이 밉고 서운한 짓을 해도 금방 잊어버릴 수 있었던 것 같다. 지금 자식들을 보면서도 처음 마주쳤던 갓난쟁이 때의 얼굴과 서너 살 무렵의 얼굴이 다 겹쳐 보이는 것이다. 나는 우리 아이들에게도 말하곤 한다. "자식의 효도는 다섯 살 때까지다. 그 이후로는 그 효도 받은 거 부모가 되갚으면서 사는 거다."라고.

콩 심은 데 콩 나고

 태어난 아기들과 처음 대면하는 순간부터 가족들은 본능적으로 닮은 부분을 찾는다. 처음에는 엄마와 아빠, 외가와 친가로 나누어 대략 얼굴의 어느 부분이 어느 쪽과 더 닮았는지 가늠해보는 것으로 시작된다. 그러던 것이 나중에는 외가의 누구, 친가의 누구 등등으로 세분화되고 아기들의 행동이나 버릇이 자리잡혀갈 무렵이 되면 일일이 그 출처를 따지게 되는 것이다.

 이러한 출처 따지기가 아이를 타박하거나 서로를 원망하는 일만 아니라면, 아이를 통해 이어진 가족들에게 이처럼 즐겁고 재미난 놀이도 없다. 게다가 누구누구 아무리 끌어댄다고 유전자를 직접 전해준 제 에미와 애비만큼 닮았으랴. 나로서는 손자들과 딸들의 어릴 적 모습을 비교해보는 것만큼 새록새록 신기하고 대견한 일이 없었다.

경모는 보면 볼수록 큰딸을 많이 닮았다. 외양이야 사내아이니 제 애비도 많이 닮고, 나도 더러 닮고, 일찍이 작고하신 친할아버지도 꽤 닮았다고 들었다. 그러나 하드웨어가 아닌 소프트웨어에 이르면 이 녀석의 기질은 큰딸을 빼다박았다. 큰딸은 감수성이 예민하고 머리가 좋았다. 사고도 정돈되어 논리적이었고, 주변과 물건도 정리를 잘했다. 갓 돌 지난 경모가 이것저것 정리하는 모습을 보자니 유난히 깔끔을 떠는 제 에미의 습성을 닮았구나 싶었다. 이야기 듣는 것과 이야깃거리들이 담긴 책을 유난히 좋아하는 것도 그랬다. 할아버지 할머니로서는 책 읽어주는 것도 일이라서 굳이 책을 많이 읽히려고 한 적은 없었는데, 경모는 늘 먼저 책을 들고와서 읽어달라고 조르곤 했다.

큰딸은 자존심이 매우 강하고 덕분에 조심성이 많다. 어릴 때부터 어른들의 칭찬을 많이 받고 자란 탓인지 완벽히 해내지 못하는 것을 두려워했다. 큰딸이 다섯 살쯤 됐을 때 학교운동장에서 열린 주민축제에 데려갔다. 오재미를 던져서 장난감을 맞추면 선물로 주는 게임이 있었는데 아이들용이라 매우 쉬웠다. 나는 큰딸에게 못 맞혀도 좋으니 한 번만 던져보라고 재촉했지만, 아이는 끝내 손에 쥔 오재미를 던지지 못했다. 장난감을 갖고 싶은 마음보다는 실패에 대한 두려움이 더 컸던 듯하다.

나로서는 경모가 큰딸의 그런 소심함까지 닮지는 않았으면 좋겠다. 솔직히 그 소심한 유전자의 출처가 바로 나인 것 같아 안타깝다. 큰딸이 자신의 성향과 다르게 패기 있는 남편을 고른 것이 참 다행스럽다.

작은딸과 도헌이는 모자관계를 달리 입증할 필요가 없을 정도로 빼닮았다. 혼자서도 잘 놀았던 작은딸이다. 제 언니를 많이 따르기는 했지만, 자신만의 세계에서는 꽤 독립적이었다. 연달아 딸이다보니 옷이며 물건이며 언니 것을 모두 물려쓸 수밖에 없었는데, 거기에 대해서도 불만이 없었다. 없으면 없는 대로 있으면 있는 대로 만족하는 것이 작은딸의 장점이었다. 잘해보려고 안달하지도 않고, 못한다고 주저하지도 않았다.

어릴 때에는 큰딸만큼 작은딸이 공부에 욕심을 내지 않는다고 많이 꾸짖고 걱정도 했었는데, 자라고 보니 나름대로 낙천적이면서 제 할 일은 소리 없이 잘해내는 작은딸이 대견하다. 나는 대학에서 가르치는 작은딸의 강의를 직접 들어본 적은 없지만, 상당히 잘하고 있을 것으로 믿어 의심치 않는다. 어릴 때부터 노래 한 곡 하라고 하면 주저 없이 나서서 곧잘 부른 작은딸의 모습을 기억하기 때문이다. 작은사위도 작은딸과 이런 면에서 매우 비슷하니 유유상종이라고 해야 할까.

작은딸처럼 도헌이 역시 대체로 주변상황에 무심한 편이다. 학교에서 있었던 일을 미주알고주알 늘어놓던 큰딸과는 달리 작은딸은 항상 별로 할 말이 없다고 했었다. 도헌이도 '오늘 어린이집에서 뭘 배웠느냐'고 물어보면 건성으로 모르겠다고 대답하기 일쑤다. 그래도 제 할 일은 뚝딱 해낸다. 만 네 살이 되자 어느새 한글을 떼었고 '할머니 사랑해요' 같은 편지글도 곧잘 써온다.

제 에미처럼 관찰력이 뛰어나서 복잡한 장난감 로봇을 제대로 조립

할 줄 알고, 어른들의 눈치를 살피며 잘 보이려고 애쓰지도 않는다. 가끔 도헌이 에미가 아무리 소리를 질러도 까딱없이 제 하고 싶은 일에 몰두하는 아들에게 "누굴 닮아서 이러니?" 하고 혼을 내는데, 그럴 때 아내와 나는 눈짓을 주고받으며 속으로는 '닮긴 누굴 닮아? 저를 닮았지.' 하며 재밌어한다.

이러한 모자 간의 기막힌 내림과 닮음을 보면서 '콩 심은 데 콩 나고 팥 심은 데 팥 난다'는 옛말을 실감한다. 그러나 어찌 유전자의 놀음만으로 모든 것이 결정될까. 제 부모의 행태와 습관을 닮고, 알게 모르게 보고 배우며 타고난 품성과 특징이 강화되는 것이다.

조부모로서는 한 발짝 떨어진 채 지켜보며 응원할 수밖에 없다. 콩이든 팥이든 가리지 않고 감사히 여기며 잘 키우는 게 제일 중요하다. 우리가 자식 키울 때는 바람직한 쪽으로 비교도 하고 경쟁도 시키며 그 와중에 누군가 상처를 입는 일도 감수해야 한다고 생각했다. 그러나 손자들에 이르니 누가 잘나고 못나고 하는 분별심을 가급적 갖지 않으려고 한다. 당장 보기 좋은 부분들을 부추기는 것이 결국은 독이 될 수도 있고, 못마땅한 점들을 억누르는 것도 종내는 어리석은 행동일 수 있다는 것을 경험으로 깨달았기 때문이다.

그러니 특별히 칭찬도 타박도 남발하지 않으려고 노력한다. 경모를 볼 때는 마주앉아 이런저런 얘기를 나누고, 도헌이를 볼 때는 씩씩하게 노는 대로 내버려둔다. 콩은 콩대로 메주를 쑤고, 팥은 팥대로 팥죽을 쑨다. 다 맛도 다르고 쓸모도 다른 것 아닌가.

딸들에 대한 AS

 고백하건대 나는 딸들에게 그다지 살가운 아버지가 되지 못하였다. 나쁜 아버지 정도는 아니었지만, 자랑할 만한 아버지 노릇을 한 적도 없다. 남동생 둘만 있었을 뿐, 자매 없이 자란 나로서는 여자들의 세계를 이해하고 받아들이는 것이 어려웠다. 정 많던 할머니는 일찍 돌아가셨고, 어머니는 고생에 치여 말없이 닫힌 분이셨다. 그런 내 삶에 여자들이 처음으로 비중 있고 밀도 있게 등장한 것이 바로 아내와 딸들이었다.

 아내는 감수성이 풍부한 적극적인 성격인데, 약간의 정도 차이는 있지만 딸들도 제 엄마를 많이 닮았다. 딸들이 머리가 좋고 재치 있는 것은 나를 닮은 편이지만 대체로 나는 내향적이고 과묵한 쪽이니, 내 인생에서 중요한 여자들을 이해하는 데는 처음부터 한계가 있었던 것 같다.

  미안하게도 딸들은 첫 만남에서부터 아쉬움이 섞였다. 큰딸은 맏이다운 책임감이 있고 명석하여 아들로 태어나지 못한 것이 내내 아쉬웠다. 작은딸은 둘째라서 아들이 되지 않은 것이 또 아쉬웠고, 아들 하나 더 보려고 큰맘 먹고 낳았던 막내도 딸이니 여전히 아쉬웠다. 셋째인 아들은 영재의 가능성을 일찍부터 보였는데 묘하게 내향적이고 사색적인 성격이 나와 닮았다. 그러니 아들은 그래도 내가 쉽게 이해할 수 있는 대상이었다. 나는 내심 내가 아들과의 소통을 맡고, 아내가 딸들을 맡으면 되겠다고 생각했다. 그게 나로서는 가장 자연스러운 선택이었고 시대상황과도 맞았다. 요즘은 '딸 바보'라고 할 정도로 딸에 대한 사랑이 맹목적인 아버지들도 많다는데, 내 동년배들에게서는 그런 유난스러운 경우를 오히려 찾아보기 힘들었으며 나도 예외는 아니었다.

  하지만 나 역시 아버지고 부모다. 딸들이 잘 되기를 누구보다도 바랐고, 딸들의 성장과정에서 나름대로의 이해와 도움을 주려고 노력했다. 여자라고 해서 공부를 덜 하거나 못해도 된다는 생각은 아예 해보지도 않았다. 선생님의 말씀도 절대적으로 옳은 것이 아니며, 선생이란 먼저 태어나서 먼저 알았다는 뜻일 뿐 반드시 더 현명한 사람일 수는 없다라는 식으로 가르쳤다. 권위에 복종하기보다는 스스로 생각하고 판단하는 습관을 가지게 하려고 노력했다. 딸들이 직장생활을 시작하자 남자 상사나 동료와의 관계를 원만하게 유지하는 방법에 대해서도 조언을 해주었다. 내가 직업상 아는 부분을 물어보면 열의를 가지고 일러주려 했다.

그러나 여전히 어쩔 수 없는 한계가 있었다. 딸들은 내가 이전에 직장생활에서 대했던 어떤 여성들과도 달랐다. 은행에서 여직원들은 아무리 싹싹하고 영리하더라도 결혼과 함께 퇴사하는 것으로 되어 있었다. 드물게 관리직에까지 오른 사람은 아예 결혼을 하지 않고 직장생활에 올인하는 경우였다.

그러나 우리 딸들은 그야말로 남자 못지않게 엘리트코스를 또박또박 밟고 제 힘으로 어려운 시험들을 통과해서 지금의 자리를 차지한 데다, 직장이나 가정 어느 한 쪽도 포기하지 않았다. 이처럼 똑똑하고 성취지향적인 여자들이 겪어야 하는 현실적 고충과 투쟁을 내가 짐작하고 조언해주기는 실상 어려웠다. 나로서는 어쩔 수 없는 빈 부분이 많았던 셈인데, 이 부분은 고맙게도 딸들이 서로 조언하고 협력해가며 채워간 것 같다. 딸들에게는 차라리 사회생활 경험이 없는 엄마의 직관과 감성이 도움이 될 때가 더 많았다.

자라는 동안과 그 이후로도 쭉 딸들은 내게 늘 아들만 편애하고 챙긴다며 불만이었다. 특히 내가 고기나 생선 같은 맛있는 반찬은 아들 쪽으로 밀어놓고, 아들하고만 겸상을 한 것이 두고두고 타박거리다. 마음 같아서는 절대 딸이 하찮아서 차별한 것이 아니라고, 딸들에 대해서 솔직히 어찌할 바를 몰랐으며 일일이 다 챙기기에는 아이들이 너무 많았다고 변명을 하고 싶다.

지금도 나는 딸들이 제 엄마와 부엌에서 끝도 없이 이런저런 얘기를 나누고 있으면 어떻게 끼어들어야 할지 몰라 그냥 없는 듯 조용히 바라만 본다. 대체로 잘해온 딸들이지만 자잘한 실패와 좌절도 겪었다. 성적이 나빠질 때도 있었고 시험에 떨어져보기도 했고 일한 만큼 인정을 못 받거나 원하는 보직을 얻지 못할 때도 있었다. 그럴 때마다 나는 딸들을 어떻게 위로해주어야 할지 몰라 당황하곤 했다. 그럴 때 딸들에겐 아버지의 냉철한 조언이 아니라 따뜻한 위로가 필요하다는 당연한 진리조차 잘 몰랐던 것 같다. 아버지니까 괜히 참견하지 말고 조용히 있어주면 된다고 생각했었는데, 그건 정말 잘 모르는 소치였다. 지금도 딸들에게 심리적으로 충분히 지원해주지 못한 것이 미안하고 후회스럽지만, 지나간 시절은 다시 돌아오지 않으니 어쩌겠는가.

솔직히 말하자면 나도 딸들에 대해서 부족하나마 애프터서비스라는 것을 해주고 싶었다. 대단한 권력이나 재력으로 뒷받침해줄 수도 없었고 심정적으로 따뜻한 아버지 역할도 제대로 못했지만, 그래도 이즈음의 최대 난제라는 육아에서만큼은 여기저기 기웃거리며 불안하게 만들고 싶지 않았다. 내 역할이야 딸들의 사회생활을 이끌어주었다기보다 그냥 지켜봤다고 하는 게 맞을 정도지만 혹시나 앞으로 딸들이 제 뜻을 더 잘 펼칠 수만 있다면 최소한 그 길을 가로막는 걸림돌만은 치워주고 싶었다.

이렇게 해서라도 내 딸들을 돕고 싶었다. 그러나 아쉽게도 딸들은 나의 육아 능력을 그리 신뢰하지 않는다.

　그러나 늘그막에 와서 외손자들 키우는 데 도움 좀 주었다고 남녀차별주의자라는 그간의 오명을 벗을 수 있을 것 같지는 않다. 사실 나는 '여자가…'로 시작하는 표현을 써본 적도 없고, 딸과 사위가 다투는 눈치일 때에도 같은 남자라고 사위 편을 들지도 않는다. 그럼에도 딸들은 아들이 나에게 소홀하다는 낌새를 채면 오히려 '그것 봐라.' 하며 내심 고소해하는 눈치다. 수십 년 동안 딸이라는 이유로 내가 알게 모르게 서운하게 한 탓이리라.
　무엇보다 딸들은 나의 육아능력을 별로 믿지 않는다. 아내가 바쁜

날 내가 호기롭게 두 녀석 다 돌보겠다고 나서면 딸들은 아예 손사래를 치며 시댁에 맡기든지 다른 방법을 알아보겠다고 한다. 여전히 나는 미덥지 못하고, 있으나마나 한 할아버지인 것이다. 이러니 이제는 내가 제발 남녀차별하지 말아달라고 하소연을 해야 할 판국이다.

엄마는 약하다

'여자는 약하지만 엄마는 강하다'는 말이 있다. 모성의 위대함을 강조한 말일 것이다. 그러나 실제로 여자는 엄마가 되는 순간부터 모든 관계에서 약자로 전락한다. 우선 아이한테 약하다. 그리고 아이 때문에 다른 사람들에게 아쉬운 소리를 해야 하니 약자가 된다. 아이 때문에 하고 싶은 것을 못하고, 아이 때문에 하기 싫은 것도 기꺼이 해내야 하니 스스로 약자가 된다.

그중에서도 직장생활을 하는 엄마란 약자 중의 약자일 것이다. 출산과 육아를 아무리 장려한다고 해도 막상 내 동료나 부하 혹은 상관의 일이 되었을 때 달가워할 사람은 없다. 당장 명시적인 피해가 없더라도 언젠가는 내게 부담이 올 수 있다는 이유만으로 꺼려지는 것이다. 예전에는 직장과 가정이 맞부딪치는 상황이 반복될 경우 그냥

'집에 들어앉으면' 되었을 것이다. 그러나 우리 딸들은 지금껏 해온 것이 아까워서라도 쉽사리 주저앉게 할 수 없었다. 아니, 일을 그만두게 할 생각일랑은 농담으로라도 꿈에라도 해본 적이 없었다.

그러니 방법은 하나뿐이었다. 딸들이 약자임을 분명히 인식하되 너무 괴로워하지 않으면서 상황이 조금씩 나아질 때까지 함께 버텨나가는 수밖에는.

아이를 맡겨놓았다고는 하지만 매일처럼 바깥일과 집안일 사이에서 전전긍긍하는 딸들의 모습에 애잔한 마음이 들 때가 많았다. 남자들이야 자식이 생기면 직장에서건 어디서건 좀더 어른 취급을 해주는 플러스 효과가 있는데, 여자가 아이를 낳고 나면 어쩐지 등급이 떨어지는 인력으로 취급받곤 하는 것이다. 이제까지 하나도 꿀릴 것 없이 해왔는데, 갑자기 딸들이 그런 눈총을 받을 생각을 하니 기분이 썩 좋지 않았다.

우리집에서 아이들을 키우는 동안 딸들이 아침저녁으로 안부전화를 걸어오면 내가 늘 하던 말이 있다. "우리가 다 알아서 하고 있으니 너는 신경 쓰지 말고 일이나 열심히 해라." 물론 딸들은 내가 아무리 호언장담을 해도 아내가 나와 함께 있는 것이 확실하고 아내의 컨디션이 좋은 경우에만 믿어주었다.

일단 맡겼으면 자주 올 필요 없다는 말도 했다. 하지만 딸들은 너무 자주 우리집에 들락날락 했다. 설마 무뚝뚝한 애비인 내가 좋아서 그랬겠나. 역시 엄마라서 아이한테 약해지는 것이었다.

장모님과 아내로부터 딸들이 물려받은 많은 장점들 중에서 확연히 좋은 점 한 가지는 매우 부지런하고 책임감이 강하다는 것이다. 딸들은 결혼하기 전에는 엄마를 도와 함께 명절 차례 준비나 이사 준비 같은 것에 밤을 새우는 일이 많았다. 물론 시험공부나 숙제를 하느라 밤잠을 자지 않는 것은 당연했다. 이런 기질은 확실히 모계 쪽이다. 나를 포함한 내 형제들은 절대로 밤은 못 새우는 데다 평상시에 잠도 많다. 덩달아 잠귀도 어두운 편이다. 아내는 종종 내게 '상을 당한 날에도 그렇게 잠을 잘 거냐'고 타박을 한다. 굳이 따지자면 작은딸이 나를 조금 더 닮아 체질이 약하고 잠을 많이 자는 편이지만, 그애도 근면한 엄마가 되기에는 부족함이 없다.

그러나 불행히 딸들은 모계로부터 나쁜 점도 물려받았다. 대대로 모두 관절이 약한 것이다. 남다른 부지런함과 약한 관절이 결합되면 치명적인 결과를 초래한다. 딸들도 나이 들어가면서 어깨나 팔의 관절염 또는 관절주위염으로 통증을 호소하기 시작했다. 컴퓨터 쓸 일이 많은 요즘에는 그런 유전요인이 없어도 관절에 병이 만연한 판인데, 글을 쓰는 일이 많은 딸들에게는 당연히 안 좋았을 것이다. 특히 딸들이 아이를 낳고 나서는 몸조리를 잘 했는데도 불구하고 더욱 힘들어하는 것 같았다. 작은딸은 거북목이 되었다며 한의원에 다니며 약을 먹었고, 큰딸도 아이 낳은 이듬해 정기적으로 추나치료를 받았다. 거기에 둘 다 잦은 집안일로 손가락이 붓고 아픈 것은 기본이었다.

딸들은 언제나 3중의 노동에 시달리고 있다. 사무노동, 가사노동,

육아노동……. 나만 해도 직장생활을 할 때에는 사무노동만 하면 되었다. 가사와 육아에서는 자유로웠다. 집에 돌아오면 아내의 수발을 받으며 편히 쉴 수가 있었다. 그러나 딸들은 집에 돌아와도 전혀 쉬지를 못한다. 오히려 전혀 다른 종류의 새로운 일을 시작하는 셈이다.

가사·육아가 어디 육체노동이기만 한가. 심지어는 감정노동이기까지 하다. 아이한테도 그렇고, 아이를 보아주는 우리한테도 짜증 한 번을 쉽사리 낼 수 없다. 아이를 우리에게 맡기고 있을 때에는 저녁마다 들락거리느라 힘들었고, 아이를 어린이집에 보내는 요즘에는 아침저녁으로 온전히 자신의 책임 하에 먹이고 입히고 놀아주고 재우느라 분주할 것이다. 그 분주함과 고됨은 직접 당해보지 않은 나로서는 가히 짐작하기조차 어렵다. 그렇게 바쁘고 힘든 엄마들이 많은 세상이 편안하고 행복해지기란 정말로 어려운 일이 아닐까 싶다.

이러니 결론은 자명하다. 엄마들이 강하니 어쩌니 하면서 방관해서는 안 된다. 모두 다 엄마를 도와주어야 한다. 아빠들은 물론이고 할머니 할아버지도, 나머지 가족들도, 사정이 되는대로 가능한 한 힘껏 엄마를 도와주어야 한다. 나아가서는 사회 전체가 엄마를 인정하고 육아의 어려움을 덜어줄 수 있는 시스템을 완비해야 할 것이다. 모두가 같은 마음으로 나날이 아이 키우고 살림하는 엄마들의 일상을 돕다보면, 이 세상이 조금은 더 공평해지고 행복해지고 살기 좋아질 거라고 생각해본다.

아내는 슈퍼할머니

아내와 나는 같은 학교 같은 과 선후배 사이였다. 내가 군 제대 후 복학한 뒤 함께 학교를 다녔고 졸업도 동시에 했다. 소위 말하는 캠퍼스커플인 셈이다. 아내는 경제학과 동기 중 홍일점이었다. 나는 운 좋게 그 홍일점과 졸업 이후 바로 결혼을 했다. 가장이 된 나는 모험보다는 안정을 택해 당시로서는 보수가 좋은 은행에 입사했다. 마침 첫째를 임신한 상태에서 아내는 취업의 기회가 있었지만 내 반대로 포기했다. 맞벌이가 흔치 않던 시절이었다.

그때부터 근 30년 동안 나는 밖에서 직장에 충실했고 아내는 안에서 살림을 했다. 소위 살림이라는 것이 해도 해도 표 안 나는, 다람쥐 쳇바퀴 돌 듯이 몸만 녹아나는 일의 연속이라는 것을 그땐 전혀 몰랐다. 아내는 살림의 고충을 심각하게 토로한 적이 거의 없었고, 나도 아내가 사회생활을 못 해본 것에 별 불만이 없는 줄 알고 지냈다. 아내는 적극적이고 부지런한 사람이라 바깥일도 잘 했을 테지만, 당시 우리는 그 외의 대안을 별로 생각해보지 않았다.

아내는 네 아이를 어느 정도 사람이 될 때까지 키워내는 동안 온수도 나오지 않고 아궁이에 연탄을 때는 낡은 집에서 고군분투했다. 큰딸이 열두어 살쯤 되었을 때야 비로소 온수보일러를 놓았으니, 아내는 난로나 가스레인지에 물을 데워 아이들 목욕을 시켰고, 매일처럼 방마다 연탄을 갈아대야 했다. 자동차도 없고 마을버스도 없었을 때 아내는 언덕 중턱에 있는 우리집에서 매일 왕복 한 시간이 걸리는 시장에 걸어다녔다. 요즘처럼 편하게 끌고다닐 카트라도 있었으면 좋았으련만, 그때 가진 거라곤 장바구니뿐이었다.

집에서 도와주는 사람이 한 명이라도 있었으면 훨씬 나았을 것이다. 그러나 내 어머니는 상경한 동생 부부의 장사를 도와주시느라 함께 사셨고, 초등학교 선생님인 처형의 아이들을 도맡아 키우시는 장모님도 우리집에는 가끔 들르시는 정도였다. 아이 보는 사람을 둘 형편도 아니었다. 아내는 키가 훤칠하고 건강해보였던 탓에, 워낙 목소리 크고 웃음도 많은 탓에 혼자서도 잘 해낼 것처럼 보였고 또 그렇게 혼자서 네 아이를 키워냈다.

이제 와 생각하니 아내의 그 수고스러움은 일일이 헤아리기 어려울 지경이다. 나는 아내에게 조력자가 아닌 또 하나의 아이나 다름없는 존재였을 것이다. 혼자 힘으로는 벅찬 네 아이를 키우는 와중에도 아내는 한결같은 정성으로 나를 보살피고 뒷바라지해주었다. 내가 40대 초반부터 병명조차 뚜렷이 알 수 없는 병으로 고생할 때 아내는 내 병수발을 지성으로 해냈다. 그 와중에 아이들을 돌보고 집안의 종손부로서 온갖 대소사를 도맡아 처리해준 아내 덕분에 나는 직장을 포기하지 않을 수 있었다.

그리고 세월이 흘러 내가 예전처럼 월급을 타오지 않고 예금 이자와 연금만으로 살아간 지 벌써 10여 년이다. 직장에서 갈고닦은 나의 업무능력은 집안에서는 아무 소용이 없다. 절대적으로 필요한 것은 아내가 가진 기술과 능력이다. 아내는 가끔 "난 돈을 못 벌어오니까." 하는 자조 섞인 혼잣말을 했었지만, 지금의 상황은 전혀 다르다.

아내는 여전히 요리를 하고 청소를 하고 운전을 하고 재봉틀을 돌리고 아이를 키운다. 아내야말로 자식들에게 진정 물심양면으로 도움이 되는 사람이다. 그에 반해 내가 퇴직 후에 나아진 바는 청소기 돌리는 것밖에 없다. 그것도 전혀 아내를 대체할 정도는 못 된다. 이러니 할머니는 쓸모 있어도 할아버지는 쓸 데가 없다는 세간의 말을 들어도 싸다. 솔직히 아내가 먼저 세상을 뜨는 불상사라도 일어나면 대체 나는 어떻게 살아갈지 걱정이 된다.

딸들이 출가했다고 가사의 부담이 덜어진 것도 아니다. 도리어 아내는 규모가 더욱 커진 대가족을 돌봐야 한다. 사위와 손자들도 아내에게서 밥을 자주 얻어먹는다. 명절 음식의 가짓수와 양도 누구누구

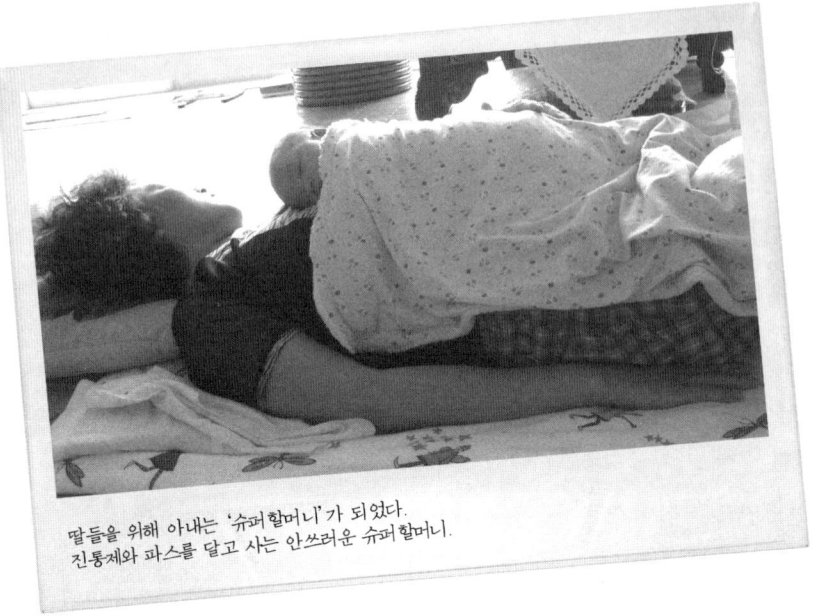

딸들을 위해 아내는 '슈퍼할머니'가 되었다.
진통제와 파스를 달고 사는 안쓰러운 슈퍼할머니.

먹이고 싸서 보낼 것 생각하면 더 늘면 늘었지 줄지 않았다. 아내의 행동반경은 더욱 넓어졌다. 예전처럼 집과 시장만 오가는 것이 아니다. 딸들의 집과 직장과 어린이집에도 오락가락해야 한다. 대형 쇼핑센터에 가서 주기적으로 사나르고 분배하는 물건들도 많다. 그런 모든 일을 아내는 한 번도 대충대충 하는 법이 없다.

뿐만이 아니다. 아내는 딸들의 부탁에 대해서 "안 돼." "못 하겠다." "다음에 보자." "글쎄다." 류의 대답을 한 적이 없다. 언제나 "알았어." "내가 해줄게." "걱정 마." "그냥 맡겨두라니까."라고 한다. 분명히 다른 할 일도 많은 것을 알고 있는데 다 미뤄두고, 딸들이 원한다면 몸이 아프고 쑤셔도 힘을 내서 떨쳐 일어난다.

아내는 딸들이 자라는 동안 항상 "어떻게 해서든 여자도 돈을 벌어야 한다."라고 얘기해왔다. 그 때문인지 딸들도 결혼과 무관하게 일을 안 한다는 생각은 추호도 해보지 않은 것 같았다. 나도 물론 딸들에게 내조나 하라는 얘기는 안 했지만, 아내처럼 강하게 딸들을 밀어붙인 적은 없었다. 대놓고 젊은 날의 선택을 후회하지는 않아도 아내의 마음속에는 아쉬움과 함께 살아가는 내내 쌓인 억울함이 있었을 것이다. 그러니 자기 힘으로 돈을 벌어오고 그만큼 당당하게 살아가는 딸들에 대해 스스로에게보다 더한 대리만족을 느꼈을 법도 하다.

그 자랑스러운 딸들, 애틋한 딸들을 '슈퍼엄마'로 만들기 위해서 아내는 여전히 '슈퍼할머니'로 살아가기를 자청한다. 다만 슈퍼할머니도 사람이라는 것을 다들 잊지 말았으면 좋겠다. 이제나 저제나 진통제와 파스를 달고 사는 아내에 대한 안쓰러운 마음이 하루하루 불어난다.

젖먹이 젖먹이기

우리 딸들은 아기를 모유로 키웠다. 아니, 보다 정확히 말하자면 출산휴가 기간을 제외하고는 딸들이 짜온 모유를 차게 하거나 얼렸다가 우리가 데워서 아기들에게 먹였다. 직접 젖을 물릴 기회는 강의를 나가는 작은딸이 좀더 많았고 큰딸은 퇴근 이후 저녁과 주말에나 가능했지만, 아이들이 꾸준히 먹은 것은 모유였다.

두 에미의 젖이 차츰 줄어들면서 두 녀석이 이유식으로 완전히 옮겨간 것이 8~9개월쯤의 일이니까 그만하면 꽤 오래 잘 먹인 셈이다. 그렇다고 아이들에게 분유를 금하거나 거부한 것은 아니었다. 아기들 먹성이 점점 좋아지는 반면 모유는 점점 줄어드는 기간에는 분유도 간간이 먹였다. 카톤 팩으로 포장한 액체 분유는 휴대와 저장이 편리해서 여러 모로 요긴했다.

지나서 생각해보니 어이없는 일인데, 멀쩡히 나오던 모유를 끊고 분유가 더 좋다며 아기들에게 일부러 분유를 먹이던 시절도 있었다. 하지만 육아 유행도 옷 유행처럼 돌고 도는지 어느새 젊은 엄마들은 모유만을 먹이겠다고 기를 쓰는 상황이 되었단다. 상식적으로 아이에게는 엄마젖이 좋지 않겠는가. 그렇다 해도 어떤 식으로든 너무 부자연스럽게 무리를 하거나 필요 이상의 강박을 가지는 것은 좋지 않다. 아이들이 다 자기 먹을 것은 가지고 태어난다고 하지 않는가. 모유를 먹는 것도 팔자고, 분유를 먹는 것도 다 팔자라는 생각이다.

우리 자식들을 키울 때 아내는 대체로 젖이 잘 났다. 큰딸도 엄마젖을 듬뿍 먹고 포동포동, 작은딸도 역시 토실토실, 막내도 마찬가지였다. 그런데 유독 셋째인 아들내미만 엄마젖이 나지 않아 분유를 먹고 자랐다. 고대하던 아들을 낳고 이름을 짓기 위해 사주를 보러갔을 때, 작명가는 뜬금없이 "이 아이는 엄마젖을 잘 먹지 못하고 목에서는 쇳소리가 날 겁니다."라는 말을 했었다. 아니나 다를까. 아내는 이내 젖이 말랐고, 유난히 잘 울던 아이는 울 때마다 **빽빽**거리는 새된 소리를 냈다. 과연 젖 얻어먹는 것조차 제 운명에 다 정해져 있어 피할 수 없는 일인가 생각했다.

엄마젖을 먹지 못한 탓인지 아들은 어린시절 내내 철사처럼 **빳빳**하게 마르기만 하고 도무지 살이 오르지 않아 애를 태웠다. 나도 엄마젖을 먹지 못해 어른들 속을 태웠다고 하니, 아들과 나의 같은 운명에 더욱 기가 막혔던 것이다. 타고난 운명도 노력으로 바뀔 수 있는 것인

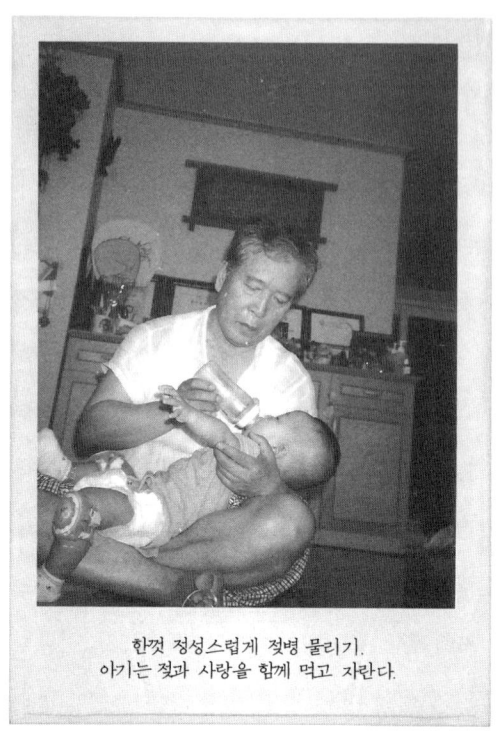

한껏 정성스럽게 젖병 물리기.
아기는 젖과 사랑을 함께 먹고 자란다.

지, 아니면 그런 변화조차 다 운명의 일부인지는 모르겠지만 지금의 아들은 어릴 적의 모습을 찾아볼 수 없을 만큼 건장한 체격과 울림 좋은 중저음의 목소리를 가지고 있다.

이러한 예전의 기억 때문인지, 나는 우리 손자들이 모유를 듬뿍 먹고 뽀얗게 살이 오르는 모양이 그렇게 좋을 수가 없었다. 특히 경모는 제 에미가 입덧이 심했던 탓에 미숙아를 간신히 면한 2.78킬로그램이라는 마른 몸으로 세상에 나왔던지라, 이 아이가 자라면서 포동포동해지는 과정은 아내와 내게 큰 보람이었다. 각각 백일쯤 되자 아이들은 살이 올라서 몰라보게 예뻐졌다. 아내는 매일처럼 아이들이 살찐 것을 확인하면서 "이것 봐요. 이렇게 손목과 팔뚝에 옴폭옴폭 금이 갈 정도로 살이 올랐어요. 아, 말랑말랑한 게 밀가루 반죽해놓은 것 같아. 욱도 키울 때는 이런 적이 한 번도 없어서 정말 속상했었는데. 봐요. 아기가 이래야지."라며 좋아했다. 모유의 탁월한 면역력 때문이었는지, 두 녀석들 모두 키우는 내내 잔병치레 거의 없이 건강했다.

둘 중 직장에 더 매여 있던 큰딸은 아이에게 직접 젖을 먹일 기회가 절대적으로 부족했다. 공교롭게도 수유기간 동안 큰딸은 일주일, 2주일씩이나 걸리는 출장이 잦았다. 출장지는 외국도 있었지만 대부분 북한 지역이었다. 큰딸은 내키지 않아했지만, 수유를 핑계로 출장을 회피할 수 있는 상황도 아니었다. 긴 출장에서 돌아올 때마다 큰딸은 그간 모은 모유팩들을 얼려서 가지고 왔다. 출장기간에 따라 큰 아이스백 한 가방이 될 때도 있었고, 두 가방이 될 때도 있었다. 직접 수유할 때는 깨닫기 어려운데 그렇게 한꺼번에 쌓아놓고 보면 정말 어마어마한 양이었다.

큰딸은 우선 출장간 곳 호텔마다 냉동고가 있는 큰 냉장고를 미리 부탁해놓고 모유를 짜서 바로바로 냉동했다고 한다. 그리고 입국통관 시 금지대상인 농축산물로 걸리는 난처한 일을 당하지 않기 위해 검색에서 제외되는 공무용 물품 박스에 아이스백들을 숨겼다. 다행히 한 번 꽁꽁 얼린 모유팩은 얼음주머니와 함께 넣어놓으면 몇 시간이 지나도 잘 녹지 않아서 무사히 우리집까지 옮겨졌다. 그처럼 많은 곡

절을 품고 배달된 모유팩들이 냉동실에 꽉 찬 날이면 아내와 나는 대견하기도 하고 기막히기도 해서 "세상에… 세상에!"만 되뇌었다. 경모가 엄마 젖을 다른 아기들 못지않게 듬뿍 먹고 유달리 튼튼하게 자란 것은 에미의 그 무시무시한 노력 덕분일 터이다.

딸들의 집념 덕에 아이들에게 모유는 충분히 먹일 수 있었다. 다만 육아 전문가들이 주장하기로는 아이에게 무엇을 먹이느냐보다 더 중요한 것이 젖을 먹이는 자세라고 한다. 비록 병에 담긴 우유라도 먹이는 사람이 젖먹이는 자세로 품에 꼭 안고 먹게 하면 아기들의 심리적 안정과 애착 형성에 도움을 준다는 것이다. 우리 부부는 비록 냉동팩에 담겼던 모유를 먹일망정 젖병을 물릴 때에는 한결같이 젖 물리듯 아기를 직접 끌어안고 먹였다. 아기를 그냥 눕혀놓은 상태에서 우윳병을 스스로 잡고 먹게 한다는 엄마들도 있다는데, 우리로서는 도무지 이해할 수 없는 모습이다.

어린 아기들에게는 엄마든 아빠든 할머니든 할아버지든 육아도우미든 그 누구든 자기들을 열렬히 사랑해줄 존재가 절대적으로 필요하다. 그런데 사랑을 설명하거나 이해시킬 수 없는 아기들에게 그 사랑을 전해주는 방법이란 어른들의 체온과 눈길과 심장 고동소리밖에는 없지 않은가. 한껏 정성스럽게 젖병 물리기. 이것은 젖먹이들을 떼놓고 밖으로 나가야 했던 딸들의 걱정과 사랑에 호응하는 우리의 방식이기도 했다.

이모랑 결혼할래요

 손자들이 태어나기 전까지 막내딸은 우리집의 유일한 '어린이'였다. 물론 우리가 대놓고 막내를 아이 취급한다든가 혼자만 어린이날 선물을 준다든가 한 것은 아니지만, 나이가 스무 살을 넘기고 어엿한 성인이 되어서도 막내는 식구들의 마음속에서 줄곧 아이였다. 막내는 가끔 집에서 키우는 강아지도 자신을 우습게 본다고 불평했지만, 스스로도 어른스럽게 굴다가 가끔 터무니없는 어리광을 피우기도 하고 언니나 오빠에게서 귀여움 받는 것을 좋아했다.
 따라서 아기들의 연이은 출현으로 가장 크게 심리적인 위치가 변화한 사람을 들자면 조부모가 될 날을 기다리고 기다리던 아내와 내가 아니라 막내일 것이다. 아내는 아내대로 손자들을 돌보느라 막내를 예전처럼 보살펴주지 못하는 것을 미안해했고, 막내도 약간은 혼란스럽고 당황한 것처럼 보였다. 우스운 일이지만 아이들이 태어난 초기에 큰딸과 작은딸은 종종 제 아이들의 이름과 막내의 이름을 혼동하곤 했다. 한동안은 안 그러더니 최근에도 몇 번 그렇게 잘못 부르는 소리가 들려온 걸 보면 지금까지도 언니들 마음에는 막내가 여전히 어린아이인 모양이다. 그래도 녀석은 조카들의 탄생을 계기로 집안의 막내 자리를 심정적으로는 졸업하기로 한 것 같다.

미혼인 막내는 아이들이 우리집에서 자라는 3년 내내 몹시 바쁜 신문사 정치부 기자로 일했다. 스스로의 일과 휴식만을 위해서도 시간이 절대적으로 부족했던지라 막내는 나만큼도 '육아에 가담' 했다고 말할 수 없는 정도지만, 아이들이 자랄수록 의외로 막내가 꽤 도움이 되었다. 막내는 우리가 일손이 모자라고 힘에 부칠 때면 홀연히 나타나 묵묵히 아이들의 기저귀를 갈거나 목욕을 시키고 어르며 놀아주었다.

그리고 신기한 점 하나는 막내가 아이들과 참 잘 놀아준다는 것이었다. 어쩌면 당연한 일인지도 몰랐다. 우리집에서 가장 마지막까지 '동심'을 가지고 있었으니까. 할머니나 할아버지는 아이들이 떼쓰는 대로 끌려가기 십상이고 에미 애비도 꾸짖는 것으로 마무리하는 일이 잦은데, 신기하게도 막내는 아이들과 적절히 거리를 유지하면서 마냥 재미있게 놀곤 한다. 책도 읽어주고 말상대도 해주고 산책도 하고 몸으로 하는 놀이들도 한다. 막내가 발레나 체조를 하고 있으면 아이들은 들어가서 따라 하고, 클래식 음악까지 함께 앉아 듣곤 했다.

할아버지로서는 애기보따리마저 날이 갈수록 바닥나고 애시당초

이모랑 우리는 말이 잘 통해요!

단순한 공놀이를 빼고는 창의적인 몸놀이를 전혀 할 수 없어 다소 씁쓸해하던 터이니, 막내의 능력이 부럽고 기특하기까지 했다. 아무래도 아이에게 늙은 남자보다는 젊은 여자가 더 나은 것인가. 아이를 끈기 있게 안고 얼러서 재우는 일이야 내가 더 자신 있지만, 막내는 밥도 나보다 요령 있게 잘 먹였고, 목욕시키는 일에도 더 능숙했다.

비교를 하자는 건 아니지만, 솔직히 육아 보조인으로서의 내 자산이란 '시간이 무척 많다'는 것과 '아이들을 끔찍이 사랑한다'는 것뿐이었다. 굳이 좋게 보자면 아이를 키우는 데에는 남녀노소가 골고루 섞여 있는 것이 바람직하다는 정도의 주장이나 할 수 있을까.

막내는 마냥 너그러운 대리엄마는 아니었다. 가끔은 아이들과 똑같은 수준으로 놀곤 했다.

세 살 난 경모에게 막내가 장난스럽게 한마디 한 일이 있었다. "너 이렇게 말 안 들을 거면 니네 집으로 가." 경모는 "여기 우이 집이야." 하며 서럽게 울었다. 그런데 며칠 후, 목욕탕에서 들리는 소리가 심상치 않았다. 경모는 어디선가 얻어온 빨간 플라스틱 공에게 "닌네 집으로 가!"라며 화풀이를 하고 있었다. 어지간히 서러웠던 모양이다. 목욕탕에서 나온 경모에게 너도 이모한테 그런 말을 듣고 울었으니 공더러 가라고 하면 공이 운다고 얘기해주었다. 그러고는 "공이 뭐래니?" 물었더니 이내 경모는 "안 간대요."라고 대답하는 것이었다. 이 얘기를 막내에게 해주자 막내는 "그러게요. 애들은 강하게 키워야 해요."라며 웃었다.

꼬박 일년이 지나서 아이들이 네 살이 되었을 때다. 어느 날 막내와 재미있게 놀던 경모가 "난 막내니모와 결혼할래요."라고 말했다. 옆에 있던 도헌이도 덩달아 "나도요."라고 끼어들었다. 아이들이 처음으로 결혼하겠다는 상대는 막연히 제 에미들이 되지 않을까 생각했는데, 막내 이모가 엄마들을 제치고 선택되었다.

막내는 잠시 웃더니 침착하게 대답했다. "얘들아, 근데 결혼은 아는 사람이랑 하는 게 아니다. 나중에 더 자라면 모르는 사람 만나서 해야 해." 당황한 네 살짜리 구혼자들로부터 왜 그래야 하느냐는 질문이 쏟아졌다. 막내는 "그래야 이쁜 아기들을 낳지. 그렇지 않으면 아기들이 이상하게 생겨서 나온대요. 게다가 결혼은 한 번에 한 사람하고만 하는 거야."라고 못을 박았다. 막내의 설명은 제 성격답게 간결하고 냉정하다. 막내가 워낙 단호하게 얘기를 한 덕분인지 지금도 녀석들은 종종 "이모가 결혼은 모르는 사람이랑 하랬어요."라면서 어린이집에서 함께 노는 여자친구들이 과연 모르는 사람인지 아는 사람인지 골똘히 생각하는 눈치다.

이모의 사랑도 할아버지의 사랑처럼 제 부모들의 것과는 분명히 결이 다르다. 아이를 키우는 데 한 가지 종류의 사랑만으로는 충분하지 않은 것 같다. 아이들은 다양한 개성을 지닌 사람들과 다양한 형태로 대화하며 성장한다. 그것이 가족이라는 울타리 안에서 헌신과 사랑으로 대해주는 사람들일 때, 아이들의 경험은 한결 풍요로워지지 않을까.

경모와 도헌이는 아주 어릴 때부터 식구들을 헤아리라면 친가와 외가를 가리지 않고 생각나는 사람들을 하나라도 빼놓을 세라 열심히 꼽는다. 이 아이들은 아주 어릴 때부터 친가와 외가를 옮겨다니며 어디나 다 자기 집인 줄 알고 컸다. 자기 식구는 제 부모형제만이 아니라는 의식을 형성한 것이다. 반가운 일이 아닐 수 없다. 비록 흩어져 살지만 느슨하고도 끈끈하게 연결된 대가족이다. 아이들 일이라면 언제라도 기꺼이 동원되는 가족들이 가까이 있는 한 아이들은 외롭지 않으리라고 믿는다.

할아버지가 놀아주는 법

유모차의 힘

내가 돌이 갓 지난 아기들의 유모차를 한창 밀고다니던 2008년 봄, 미국산 쇠고기 수입 반대 시위에 유모차 부대가 등장했었다. 젊은 엄마들의 자발적이고 자연스러운 참여였는지 당초부터 시위를 주도한 측의 기획인지는 모르겠으나, 아무튼 그때의 유모차는 눈총과 비난을 잔뜩 받은 만큼이나 기막힌 시위수단이었다. 이 세상 어느 민주주의 국가에 감히 유모차를 가로막아 탄압할 공권력이 존재하겠는가. 유모차를 끌고나온 엄마들이 아동을 학대한 셈이라는 비난도 있었지만, 유모차 자체가 엄마들을 용감하게 만든 측면도 있었을 것이라고 생각한다.

나는 원래 숫기가 별로 없는 사람이다. 남의 일에 참견하는 일도 드물고 아무하고나 쉽사리 친해지지도 않는다. 빤히 누구를 쳐다보지도 못하는 데다 행여 눈길이라도 마주칠까봐 옆도 잘 보지 않고 다닌다. 좋게 말해서 점잖다고 하겠지만, 실상은 소극적이고 무심한 편이라고 해야 맞겠다. 무엇보다 할 일 없이 배회하거나 낯선 곳에 가서 쭈뼛거리는 것을 싫어한다. 남의 결혼식에 참석해서도 모르는 사람과 섞여 밥 먹고 말 섞기 싫어서 식사는 생략한 채 부조만 하고 오는 경우가 대부분이다. 같은 직장의 퇴직 동기들끼리 돈을 모아 오피스텔 사무실을 하나 얻어두었는데, 내가 거기 들른 횟수가 일년에 몇 번밖에는 되지 않는다. 이처럼 변죽이 좋지 않고 집에서만 지내려 하는 나를 아내는 농담반진담반으로 '삼식이'라고 놀리곤 한다. 하루 세 끼를 집에서 먹는 남자를 요즘 그렇게 부른단다.

헌데, 그런 나조차도 아기를 태운 유모차를 앞세우면 당당하고 거침이 없어졌다. 우선 아무데나 주저 없이 돌아다닌다. 지난 3년 간 나는 이웃 아파트 단지, 은행, 학교, 병원, 주민센터, 시장, 공원 등을 별 볼 일도 없이 모조리 휩쓸고 다녔다. 아이들에게 뭐든 신기하고 새로운 것을 보여주고 싶은 마음 때문이었다. 그렇게 다니다보면 전에는 안 보이던 것들이 눈에 들어오기도 했다.

예전 같으면 귀찮아서라도 그냥 지나칠 것들에 대담하게 간섭도 했다. 유모차의 진행을 가로막으며 인도에 주차해놓은 차를 보면 한 마디 쏘아붙이기도 하고, 냄새를 풍기는 쓰레기봉투를 길에 줄줄이 내놓은 상점에는 야단도 쳤다. 위험한 놀이를 하는 아이들에게는 혹시 우리 아이들까지 보고 배울까 하여 호통을 치고, 그새 낯이 익은 동네 노인들과는 반가운 눈인사도 곧잘 주고받게 되었다.

한번 이렇게 뻔뻔해지니 거칠 것이 없었다. 대형마트의 시식코너에서 변화가 가장 뚜렷하게 드러났다. 이전에는 이런 곳들에 눈길을 주거나 기웃거리는 것조차 꺼리던 나였다. 어쩌다가 아내가 먹어보라고 시식용 음식을 가져와 코앞에 들이대도 고개를 돌렸다. 그런데 어린 것들을 데리고 나서면 나는 아내보다도 더 극성스러워졌다. 시식코너에 가까워지면 내 발걸음은 빨라지고 손길은 잽싸졌다. 염치는 어디론가 도망가고 없다. 뭐든 우리 아이들이 먹을 만한 것이 있으면 두 번이고 세 번이고 옆에 지키고 기다렸다가 먹였다. 때로는 염치없는 새치기도 감행한다. 아이에게 맛난 과일이며 고기며 골고루 배불리 먹이느라 여념이 없다. 내게 시식을 권하다가 핀잔만 듣던 아내가 도무지 어이없다는 듯이 나를 쳐다본다. 생각해보면 원래 이런 사람이다 하는 게 세상에 있을까도 싶다. 어느 쪽으로든 길들여지면 그런 사람이 되는 것이다.

동네 놀이터에서 다른 아이들이 가진 탈 것이나 장난감을 우리 아이들이 부러워하는 기색을 보이면, 고작 대여섯 살짜리 아이들에게 애걸을 해서라도 우리 아이들이 그것을 한번 얻어서 가지고 놀아보게 했다. 혹시나 큰 아이들이 우리 아이들을 떠밀거나 위협할까봐 놀이터에서도 벤치에 제대로 앉지 못하고 체신 없이 졸졸 따라다니며 옆에서 지켜서 있곤 했다. 나 자신을 위해서는 체면상 습관상 절대로 할

"너희들 덕에 평생 숫기 없이 살던 내가 용감해졌다. 고맙다."

수 없었던 일들이 우리 아이들을 위해서라면 서슴없이 이루어진다. 그러면서도 부끄럽기는커녕 오히려 신이 났다. 계속 이런 식으로 나간다면 세상에 못할 일이 없을 것만 같았다. 치사한 것도 없고 구차한 것도 없고 귀찮은 것도 없다. 고작 이 어린 것들을 거느렸을 뿐인데, 세상이 한결 넓어진 느낌이 들었다.

겁 많은 암탉도 병아리들을 거느리면 사나운 개를 쫓기도 하고 심지어 사람에게조차 덤빈다. 알과 둥지를 지키기 위해서라면 연약한 메추라기도 천적인 매에게 결사적으로 대항하고 스스로를 던지는 꾀를 내어 포식자를 유인할 줄 안다.

이처럼 새끼를 가진 모든 살아 있는 것들은 용감하다. 오직 새끼를 위한다는 집념으로 자신을 버렸기 때문이다. 누군가를 위해 자신을 내팽개친 순간 본능적인 두려움마저 사라지고, 전에 없던 힘까지 솟아난다. 그러니 유모차만 밀면 별 볼일 없던 소심한 노인조차 이렇게 세상 무서울 것 없는 용감한 할아버지가 되는 것도 자연의 이치인가 싶다.

놀이터 순례

우리 동네는 소규모 아파트 단지들로 이루어져 있다. 한꺼번에 대규모로 재개발을 한 게 아니라 택지가 날 때마다 조금씩 지어온 탓이다. 다른 건설회사에서 각각 다른 시기에 지은 아파트들은 모양과 배치가 매우 다르다. 아파트마다 붙어 있는 놀이터에도 다 특색이 있다. 우리 집에서 걸어서 10분 거리에만도 10여 개의 서로 다른 놀이터가 있으니, 아이들 입장에서는 고르는 즐거움을 누린다.

첫돌 이전까지는 놀이터라면 무조건 좋아하면서 이끄는 대로 따라다니더니 돌이 지날 무렵부터 아이들에게는 각각 선호하는 놀이터가 생겼다. 녀석들은 그 많은 놀이터의 특징을 나름대로 기억하고 아예 어떤 놀이터에 가자고 조르기도 했다. 물론 어디를 가든지 아이들은 한 곳에서 오래 놀려고 하지 않았다. 이내 또 다른 곳으로 가자며 손

을 이끈다. 어떤 놀이터는 미끄럼틀이 반질반질해서 좋고, 또 다른 놀이터는 그네가 편하다. 바닥에 예쁜 그림이 그려진 곳도 있고, 시소가 잘 되는 곳도 있다. 처음부터 한 곳에만 정착했으면 모르지만, 여러 놀이터를 섭렵한 터라 더 재미있고 좋은 것들이 이미 아이들에게 입력이 되어 있다. 그래서 우리는 어쩔 수 없이 '놀이터 순례단'이 되었다.

과연 내가 우리 자식들을 데리고 동네 놀이터에 가본 적이 있었나. 아무리 기억을 더듬어봐도 그 시절의 나는 벤치에 앉아 놀이터에서 노는 아이들을 지켜본 적이 거의 없었다. 집안일에 늘 바빴던 아내 역시 그럴 여유가 없었을 터이니, 대개 큰 녀석들이 작은 동생들을 데리

고 놀이터며 근처 야산이며 공터며 알아서 놀러다녔던 모양이다. 사실 그 시절에는 놀이터에서 부모들이 아이들을 기다리는 모습이란 외국 영화에서나 보았을 법한 흔치 않은 풍경이었다.

자주 가보지는 않았지만, 우리 아이들이 놀던 예전 놀이터 모습은 기억한다. 그 시절 놀이터 놀이기구들은 거의 다 시멘트와 쇠로 만들어졌고, 비가 오면 진창으로 변하는 흙바닥이었다. 이후로 몇십 년의 세월이 훌쩍 지났다. 이즈음의 놀이터들은 그때보다 훨씬 안전하고 아기자기하게 잘 만들어져 있다. 삶의 질이 확실히 나아지기는 나아진 모양이다. 그리고 내가 이처럼 놀이터에 따라다니게 되었으니 삶의 질이 또 다른 차원으로도 나아진 셈인가.

허나 제아무리 훌륭한 놀이터라 한들, 돌쟁이들에게는 위험천만한 곳임을 이내 깨달았다. 마음 편하게 앉아 지켜본다는 건 불가능했다. 실상은 거의 내내 눈을 떼지 못하고 손을 바로 뻗칠 수 있는 거리에서 졸졸 따라다니는 수준이었다.

아주 어린 아이들에게조차 전혀 위험하지 않은 놀이기구란 재미가 없다. 그래서 우리는 그 재미와 안전 사이를 줄타기하면서 분주히 움직여야 했다. 기를 쓰고 기어오르겠다고 고집하는 사다리나 꼭 타야만 하겠다는 그네, 무척 재미있어 보이는 회전기구는 정말 위험하다. 안전하게 스프링이 달린 말만 타면 참 좋겠는데 그걸 진득하게 타는 건 채 2~3분도 못 된다. 손주들은 어느새 시소 주변을 얼쩡거리고 모래더미 속에 파묻힌 비비탄 총알을 줍고 동네 아이들이 버리고 간 온갖 잡동사니에 정신을 팔았다. 이러니 나로서는 녀석들을 졸졸 따라다니며 참견을 할 수밖에.

평일의 그 졸졸이 줄에는 젊은 엄마도 있고, 아주머니도 있고, 할머니도 있었다. 모두 다 여자다. 아버지나 할아버지는 정말 드물었다. 다행히도 아이 보는 늙은 남자를 경계하는 사람은 거의 없어, 어른들과 종종 인사를 나눴다.

놀이터의 첫 인사는 대개 정해져 있다. "몇 개월 됐어요?" 몇 살이 아니었다. 개월 수를 잘 기억하고 있어야 했다. 그리고 서로 이런저런 아이들에 관한, 아이 보는 사람들에 대한 기본 정보를 교환했다.

나는 계속 아이들을 바꿔가며 데리고 나오는 탓에 놀이터 공동체에서 이목을 끌었다. 왜 아이들이 자꾸 바뀌냐고 해서 "아, 어린이집 회장입니다."라고 웃지도 않고 농담을 했더니 의외로 "아, 그러세요." 하며 믿는 눈치였다. 규모가 작은 가정 어린이집도 더러 있다고 하니, 그런 쪽의 원장 남편이나 아버지쯤으로 생각해준 모양이었다.

놀이터 공동체에서는 대개 따라온 보호자들이 남녀노소 구분 없이 편하게 잘 어울린다. 단 하나 눈에 띄는 선이 있기는 했다. 자기네 아이를 돌보는 사람과 돈을 받고 아이를 돌보는 사람의 차이였다. 단지 차림새나 생김새의 문제가 아니었다. 충분히 열심히 아이를 따라다니며 시중을 들고 있는데도 뭔가 형언하기 어려운 어색함이 감돌았다. 아이 돌보기를 직업으로 삼은 분들의 수고를 무시하는 건 결코 아니다. 그럼에도 어쩔 수 없이 드러나는 미묘한 차이를 확인할 때마다 기왕이면 가족들이 돌보는 것이 아이들에게는 낫지 않을까 하는 생각이 들곤 했다.

나도 어린이집 회장이라고 실없는 농담은 했지만, 놀이터에서 나를 조금만 지켜본 사람이라면 아이들과 남이 아니라는 사실을 눈치챘으리라. 행여 아이들이 넘어질까 떨어질까 안절부절 못하는 모양이 영락없는 할아버지였을 테니까.

놀이터에서 만나는 엄마와 할머니들은 나를 재미있어 하며 자꾸 말을 걸어왔다. 평생 이렇게 많은 여성들에게서 관심을 받은 적이 있었던가 싶을 정도였다. 물론 내가 눈에 띄게 잘생겨서는 아닐 것이다.

아마도 놀이터에서 할아버지를 만나는 일이 흔치 않아서일 거라고 추측한다. 아빠들이야 다 돈 벌러 나갔다고 치고, 이 나라의 그 많은 할아버지들은 이토록 재미있는 놀이터를 두고 다 어디 가계시나, 하는 생각이 새삼스럽게 솟아난다.

손자는 다 소용 없다고?

2009년 7월, 드디어 우리 동네에도 지하철이 개통되었다. 1999년 중반 지금 사는 동네로 이사 오기 전에는 5호선 지하철 역을 코앞에 두고 살았는데, 그야말로 꼭 10년 만에 다시 지하철 역세권에 살게 된 셈이다. 어른들이 죄다 9호선이 어쩌고 하니까, 말문 트인 어린 것들도 "하버지, 우이도 9호선 가요."라고 다짜고짜 조른다. 뭐든 새로운 것을 보여주는 게 내 취미이기도 하니, 날 잡아 교대로 유모차를 끌고 똑같은 코스로 두 번의 지하철 구경에 나섰다.

지하철은 확실히 숫자가 늘어날수록 깔끔하고 최신이다. 아직 손님은 많지 않다. 아이는 이게 첫 지하철 구경이니 마냥 신기해하며 두리번거린다. 아직 새것 냄새가 폴폴 나는 객차에 올라탔다. 나는 노약자석에 앉고 녀석을 태운 유모차를 곁에 두었다. 나와 아이는 그렇게 한동안 멍하니 앉아서 검은 차창에 비친 우리 모습을 보고 있었다. '요 녀석, 그렇게 9호선 타자고 조르더니 생각만큼 신나지는 않겠지. 어른이 되어봐라. 이런 게 뭐가 그리 좋겠냐.' 라고 생각하면서.

그때였다. 아까부터 옆 자리에서 우리를 지켜보던 70대 후반쯤의 남자 노인이 못마땅한 표정을 지으면서 "뭐, 손자라고? 다 소용 없어!"라고 한마디 내뱉었다. 나는 적이 놀라서 그를 빤히 바라보았다. 이 영감님, 인생 후반에 쓰디쓴 경험이 많았던 걸까? 세상에 소리치고 싶은 불만들이 들끓는 모양인데, 이 아이가 외손자인 것까지 아셨다면 아예 갖다 버리라고 하겠군 싶다.

나는 대꾸 없이 그이의 얼굴만 쳐다보다가 속으로 말을 건넸다. '아이고. 특별히 소용 있자고 이러는 줄 압니까. 그러는 당신도 고작 신도림역에서 1호선 갈아타고 천안까지 공짜로 내려가서는 순대국밥이나 자시고 오실 만한 행색인데, 그건 또 무슨 대단한 소용이랍니까. 지금 세상에 손자에게 무슨 덕 보려는 멍청이가 어디 있답니까. 그냥 형편이 그렇게 되어서 돌보게 되었고 서로 부딪치고 지내다보면 정도 들고 예쁜 것이지요. 정 주고 예쁘면 그만이지 다른 무슨 소용을 찾는 게 더 이상합니다. 나는 애 보느라 바빠서 당신처럼 남의 일에 열 낼 시간도 없습니다.' 한참을 이런 식으로 속으로 궁시렁거리고 나니 벌써 몇 정거장을 지났다.

일어서서 "자, 9호선 잘 타봤지? 이젠 되돌아가자." 하고 내렸는데, 유모차 탄 녀석이 나를 보더니 "그 하버지 뭐야 했쪄요?" 하고 물어왔다. 비록 어린 녀석이나 느낌이 이상했던 모양이다. 바로 묻지 않고 그 자리를 피한 후에 묻는 것이 대견했다. "몰라. 그냥 혼자 속상하고 짜증나는 일이 많은 모양이다. 낸들 그 속을 알겠니."라고 혼잣말처럼 말했다. 녀석은 이해를 했는지 못 했는지 더는 말이 없었다. 신기하게도 아이들은 어른들의 말을 느낌으로 이해할 때가 많으니, 어쩌면 이해를 해서 입을 다문 것인지도 모르겠다.

돌아오는 객차에서는 그만큼 우리 조손에게 관심을 보이는 사람들을 만나지 못했고, 이렇게 첫 번째 짧은 9호선 모험은 끝났다. 녀석은 처음으로 할아버지와 함께 지하철이라는 것을 타봤다며 제 에미 애비에게 자랑을 늘어놓을 것이다. 두 녀석이 스무 살 서른 살이 되어도 이 일을 기억할지는 모르겠지만, 적어도 몇 달 동안은 즐겁게 기억해 줄 것이다. 그러면 9호선 원정대 대장인 나의 소임은 다한 셈이다.

이날 저녁식사를 하면서 생각했다. 무릇 선행은 선행을 낳고, 악행은 악행을 부른다. 서로 모르는 사람들 사이에서도 불가사의한 경로로 행복이 전염되는 것처럼, 불행도 바이러스처럼 옮겨다니며 퍼진다. 숨기고 다녀도 여기저기 퍼질 판인데, 어떤 노인들은 대놓고 비아냥과 한탄과 악담을 서슴지 않는다. 마스크를 쓰고 조심해도 모자랄 전염병 환자가 그야말로 남의 얼굴에 대고 기침을 해대는 격이다. 다행히 우리 조손은 나름의 행복감에 둘러싸여 면역력이 있었다. 그렇다 해도 그런 갑작스러운 저주는 무례하고 불쾌하다.

우리 세대가 전쟁과 궁핍의 척박한 세월을 온몸으로 헤쳐 지나온 탓에 유독 상처가 많고 피폐한 것은 이해가 간다. 나 자신도 예외는 아니다. 고생 없이 밝게 잘 자란 요즘 젊은이들이 쭉쭉 뻗은 메타세콰이어 같다면, 내 동년배들은 여기저기 잘려나간 가지의 상처가 옹이로 남은 굽고 비틀어진 소나무 같다. 그 노인의 처지를 백번 이해한다 하더라도, 감히 사랑에 소용을 따지다니 너무나 어리석다. 어리석은 마음을 푸념하듯 퍼뜨리고 다니는 것은 세상에 대한 지나친 어리광이다. 노인이 되면 오히려 아이가 된다고 하더니, 어리석음과 어리광은 아이 때만 경계할 것이 아니다. 언제나처럼 나 자신을 되돌아보기로 한다.

수리수리 마수리

에미들은 아이들에게 인스턴트 과자 먹이는 것을 싫어한다. 그러나 아이들은 달콤한 것에 본능적으로 이끌린다. 우리 딸들이 유별나다고는 생각하지 않지만, 확실히 이 세대 엄마들의 입장은 우리 세대와 다르다. 우리 자랄 때는 종류를 막론하고 주전부리는 없어서 못 먹었다. 요즘 엄마들이야 어쩌면 환영하겠지만, 산이나 들에서 구할 수 있는 자연식 외에는 아무것도 없었다. 사카린이면 어떻고 설탕이면 어떠랴. 단 것에 대한 열망은 인류의 DNA에 각인되어 있다.

하다못해 우리 아이들을 키울 때에도 과자며 사탕을 마음껏 사주지 못했다. 자주 먹지 못하던 상황이니 성분이 좋고 나쁘고를 따질 나위도 없었다. 아내도 아이들에게 초코우유나 바나나우유 대신 줄창 흰 우유만 사줬는데, 가공우유가 나쁜 것을 의식해서가 아니라 그냥 흰 우유가 제일 쌌기 때문이라고 고백한 적이 있다. 어쩌다 내가 거래처로부터 얻은 큼직한 과자 '종합선물세트'는 아이들에게 세상에 없는 보물상자였다.

그러나 예전에는 보물 같던 과자가 요즘 아이들에게는 너무 흔해서 탈인가보다. 대형마트에서 아이를 달고 나오는 부모들의 카트를 들여다보면 온갖 종류의 인스턴트 과자가 그득하다. 유해한 합성첨가물이 많이 들어가야 중독성 강한 과자의 식감과 맛이 나온다고 하니, 충치와 아토피부터 각종 행동장애까지 걱정하는 부모들로서는 경계하는 게 마땅하다.

그럼에도 카트마다 과자가 꽉 차 있는 것을 보면, 부모들이 악착같이 버티다가도 어느 순간 아이들의 성화에 무너지고 마는 게 아닐까 싶기도 하다. 금지된 것은 더욱 탐나는 법이 아닌가. 과자를 지나치게 죄악시하면 과자는 아이들에게 금단의 사과가 되고 만다. 인간의 마음이 오묘하니, 뭐든지 적당히 풀고 적당히 조이고 중용을 지키는 게 최선이라는 생각이 든다.

도헌이와 경모는 대체로 착하고 얌전하지만 그래도 아이들이다. 떼를 쓰고 짜증을 내고 투정을 부린다. 이럴 때 애들을 달래고 꾀는 최상의 수단은 먹을 것, 무엇보다도 달콤한 것이다. 육아에 관한 구구절절 옳은 지침들은 나중의 일이고, 우선은 급한 불을 꺼야 아이들도 어른들도 평안하다.

그래서 우리는 좀 나쁜 할아버지 할머니가 되기로 했다. 아내와 나는 상비용으로 밀크캐러멜, 키세스 초콜릿, 카스테라 같은 것들을 감춰둔다. 집에서 만든 유기농 쿠키나 빵, 무첨가 요구르트며 갖가지 몸에 좋은 것들은 제 에미들이 알아서 열심히 챙겨 먹일 테니, 우리는 우리대로의 전략을 좀 써도 되는 것 아닌가. 에미들은 처음에 기겁하면서 이런저런 항의를 하더니, "싫다. 우리집에 있는 동안에는 우리 방식대로 키울란다. 너희 집에 데려가서나 마음대로 해라." 선포하자 언제부터인가 잠잠해졌다.

달콤하고 달콤한 것들. 나는 그 비장의 보물을 내놓을 때 그냥 쉽게 주지 않기로 했다. 그냥 쓱 꺼내어서 준다든가, 쌓아놓고 양껏 먹게 하는 방식은 너무 싱겁다. 그래서 일단은 이렇게 시작한다. "자, 할아버지가 마술할게." 나는 냉장고 앞에 서서 짐짓 "수리수리 마수리… 수리수리 마수리……." 주문을 외웠다. 다음에는 "자, 됐다." 하면서 냉장고를 열고 녀석들이 직접 보물을 찾아보게 했다. 물론 딱 눈높이에 맞는 칸에 미리 달콤한 것들을 넣어놓았다. 녀석들은 환호성을 지르면서 좋아라 했다. 거기에는 달콤한 맛보다 몇 배나 더한 기쁨이 있었다. 아내와 나는 서로 '됐다' 하는 눈빛을 교환했다.

특별한 계획 없이 시작했던 이 방식은 차츰 일종의 순서를 갖춘 의식이 되었다. 입이 궁금해진 녀석들이 먼저 수리수리 하자고 조른다. 나는 큰 소리로 부엌 쪽에 묻는다. "할머니, 애들이 수리수리 마수리 하자는데 해도 돼요?" 아내는 "착하니까 해도 될 것 같은데요."라고

"수리수리 마수리 한판 어때?"
"이야, 그거 좋은 생각이야!"

신호를 보내준다. 그 사이에 아내는 준비작업을 한다. 이제는 할아버지랑 마주보고 양손의 집게손가락 하나씩을 편 뒤 서로 맞대어서 빙글빙글 돌리며 큰 소리로 "수리수리 마수리, 얍!"을 똑같이 외친다. 그러고는 그 손가락으로 함께 권총 쏘는 시늉까지 박력 있게 하고 나서, 냉장고 문을 여는 것이다. 그러면 거기에는 언제나처럼 두어 개 정도의 달콤한 것이 들어 있다. 돌 지나고 말을 배우면서부터 시작된 할아버지의 신통술은 만 네 살을 넘긴 지금까지도 위력을 발휘한다. 효과는 만점이다. 아이들은 한껏 신이 나서 말도 잘 듣는다.

이 의식에 재미를 들인 녀석들은 이후 종종 자기네 집의 냉장고나

찬장에다가도 똑같은 시도를 해본 모양이다. 에미들은 웃음을 참으며 그 얘기를 전해주었다. 경모는 "할아버지랑 안 하니까 안 되나? 염창동에서는 잘 됐었는데."라며 혼잣말을 했다고 한다. 요즘은 이 녀석들이 할아버지 마술의 비밀을 조금 눈치챘을 것 같아 불안하기도 하다. 우리 부부가 잠시 방심을 한 탓이다. 도헌이가 무심코 냉장고 문을 열었다가 우리가 깜빡 잊고 미리 넣어둔 달콤한 것들을 미리 발견하고는 "어, 이게 왜 여기 있지?" 하며 신고하는 일이 더러 있었다. 그래도 벌써 속이 깊은 건지 아직 눈치가 덜한 건지 녀석들은 별다른 내색을 하지 않는다.

마술의 본질은 철저한 비밀이라기보다는 얼마나 그럴 듯하고 얼마나 즐거우냐에 달린 것인지도 모른다. 녀석들은 내게 여전히 "할아버지, 우리 수리수리해요."라고 마술을 주문한다.

옛날얘기 해주세요

만 한 살 반쯤이 지났을 무렵부터 아이들은 내게 옛날얘기를 해달라고 조르기 시작했다. 애들이 처음부터 옛날얘기란 것을 알았겠나. 늦은 밤이 되어도 자려고 하지 않는 녀석들을 제 에미나 할머니가 "할아버지한테 옛날얘기 해달라고 해라." 하며 내 방으로 몰아넣은 탓이다. 이 녀석들 그게 뭔지도 모르면서 어느새 "하버지, 엔나 애기 해주세요."라며 이불 속으로 파고들었다.

그 옛날얘기라는 것을 해야 하는 첫날, 나는 솔직히 막막했다. 도대체 내가 평생 옛날얘기를 언제 누구에게 해보았던가. 대체 누가 할아버지란 존재는 응당 옛날얘기쯤은 할 줄 알아야 한다고 정해놓은 것인가. 나도 어렸을 때에는 옛날얘기를 많이 듣고 자랐다. 주로 할머니가 들려주시는 옛날얘기를, 겨울에는 따뜻한 아랫목에서 여름이면 모깃불 옆의 홑이불 속에서 들었다. 무서운 이야기를 들으면 할머니의 치맛자락을 벗어나지 못하면서도 매번 조금 더 해달라고 졸랐다. 우리 할머니는 그야말로 신기한 이야기보따리의 주인이었다. "옛날에, 아주 옛날에…"로 시작하는 할머니의 얘기는 매일처럼 들어도 끝이 없었고, 들은 얘기를 다시 들어도 늘 처음처럼 재미가 있었다.

그런데, 불행히도 나는 우리 할머니가 아니다. 아무런 예고도 마음의 준비도 없었다. 그 시절로부터 무려 반세기가 지나서야 갑자기 그때 들었던 전래동화들을 떠올려서 다시 구비문학의 전통을 이어나갈 책무가 나에게 부여되었단 말인가.

기대에 차서 나에게 향하는 초롱초롱한 눈망울을 보며 속으로 한숨을 지었다. 하는 수 없이 오랜 세월 동안 기억 속에 묻혀 있었던 이야기 한 자락을 시작해보았다. "옛날에, 아주 옛날에 말이다……." "근데 하버지 '옛나래'가 머에요?" 헉, 처음부터 꼬이고 있다. 그 단어를 알아듣도록 설명하는 것부터가 어렵다. "그냥 들어봐!" 해놓고 가급적 이야기 하나를 축소 개편해서 얼른 끝낼 셈이었다.

그러나 이 녀석들 별로 재미가 없는지 계속 또 해달란다. 나는 생각나는 대로 흥부와 놀부, 나무꾼과 선녀, 은도끼 금도끼, 도깨비 방망이 같은 얘기들을 늘어놓았다. 그런데 아무리 열심히 해도 녀석들의 반응이 시원찮다. 아무래도 핵심단어인 제비, 박, 나무꾼, 방망이, 도끼, 맷돌, 두레박 따위가 뭔지 아직 모르기 때문인 것 같았다. 아이들이 어린 탓도 있지만, 그야말로 반세기 전까지만 해도 일상의 일부였던 단어들이 더이상 친숙하지 않다는 사실을 간과한 탓이 컸다.

그래서 결국 이 딱한 할애비는 이야기의 장르를 급히 바꾸지 않을 수가 없었다. 때마침 제 에미들이 어렸을 때 방영하던 〈은하철도 999〉를 EBS에서 재방송해주고 있었고, 아이들과 함께 몇 번 보았던 것을 기억해냈다. 구식 증기기관차가 레일도 없는 우주공간을 날아다 닌다는 설정은 언제나 매력적이다. 사실 줄거리는 잘 모르겠다. 철이 라는 소년이 메텔 아줌마와 별나라 여행을 하며 여러 종류의 사람들 을 만난다는 얘기인 것 같은데 그렇게 해서 어디를 가는 것인지, 어떻 게 끝을 맺는지는 마음먹고 보지 않은 나로서는 알 수가 없었다. 다만 아이들이 한창 좋아하던 〈토마스와 친구들〉에도 나온 기차 이야기니 친숙할 것이었다. 나는 생각나는 대로 무턱대고 철이와 메텔의 모험 담을 꾸며냈다. 녀석들은 그제야 흥미진진한 표정으로 "그래서요?" 하면서 달려든다.

여기에 힘을 얻은 나는 로봇을 좋아하는 아이들을 위해 예전의 〈로 보트 태권 V〉와 〈마징가 Z〉 이야기까지 꾸며냈다. 이 또한 원작의 줄 거리를 잘 모르니 순수 창작에 가깝게 되었다. 손짓 발짓에 기합까지 넣어가면서 꾸며댔더니 녀석들, 까르르 웃으며 좋아한다. 이렇게 할 아버지표 엉터리 옛날얘기의 역사는 시작되었다.

주중에 내가 데리고 자는 날이 많았던 경모는 말이 되든 안 되든 무 조건 얘기를 들려달라 청했다. 처음에는 익숙한 소재의 창작물에 흥 미를 보였지만, 갈수록 정통 옛날얘기에도 맛을 들였다. 몇 달이 지나고 몇 번을 반복해서 듣고 나자 흥부와 놀부 얘기는 외울 정도가 되었고, 얘기 내용을 복습해도 척척 맞추었다. "제비가 뭘 물어왔다고?" 하면 "박씨!", "흥부가 뭐가 됐다고?" 하면 "부짜!", "박을 탔더니 뭐가 나왔다고?" 하면 "보무!" 하는 식이었다. 나중에는 둘이서 이 보물의 내역에다 온갖 바라는 것과 좋아하는 것을 다 집어넣는 놀이도 했다. 엄마 아빠에게서 받고 싶은 선물까지도 포함시켰다.

아이들에게 새로운 얘기를 해주기 위해서 고심할 필요는 없는 것 같았다. 매번 같은 얘기를 해주어도 계속 재미있어 했고, 약간의 변화만 있어도 반가워했다. 녀석이 잠들 때까지 한 시간 넘게 얘기를 계속할 때도 여러 번 있었다. 목이 마를까봐 아예 물을 한 컵 떠다두고 얘기를 시작했다. 얘기를 하다보면 지루하기는커녕 내가 더 신이 났다. 어느새 나도 옛날이야기를 해주는 할아버지 역할에 익숙해지고 있었다.

나중에 이 아이들이 할아버지가 되어서도 손자들은 옛날얘기를 해달라고 조를까. 세상은 너무 빨리 변해가니 감히 짐작조차 하기 어렵다. 다만 그 순간이 찾아오면 내 이야기를 한줌 기억해주기를 바라고 또 바랄 뿐.

싸움의 기술

또래의 사내녀석 둘을 키우고 있다고 하면, 사람들이 너도나도 "서로 안 싸워?" 물어본다. 문득 상상해보았다. 어린 것들 둘이 광고의 한 장면처럼 안 싸우고 화목하게 놀면 얼마나 좋으랴. 하지만, 애들은 싸운다. 싸울 수밖에 없고, 싸우면서 자란다.

싸우는 틈틈이 가끔 의좋게 논 것이 걸음마를 시작할 무렵부터였고, 싸우는 빈도가 조금씩 줄어들더니 요즘에는 만나면 대체로 사이좋게 노는 틈틈이 싸우곤 한다. 물론 도헌이와 경모는 사촌지간이고 이제는 주중에 따로 살고 있으니, 함께 사는 형제들처럼 매일같이 싸울 일은 없다. 예전에는 어리기도 했고, 좁은 공간을 부대끼며 나누어 쓰느라 싸움이 잦았던 것 같다. 지금은 매주 한 번 만나기가 어려우니 서로 반갑고 새로워서 그런지 일단 싸우는 것으로 시작하지는

아이들은 싸운다.
놀면서 싸우고 싸우면서 자란다.

않는다.

　만 세 살이 넘어 어린이집에 다니면서부터 도헌이와 경모도 차례로 사회생활을 시작했다. 도헌이의 얼굴에는 할퀸 상처가 생기기도 하고, 누군가를 깨물어서 상처를 냈다고도 했다. 확실히 몸놀림이 활발한 도헌이라서 친구들과의 싸움도 잦다. 경모 또한 장난감을 뺏고 뺏기느라 울음을 터뜨리고 속이 상해 돌아오는 일이 잦았다고 한다.

　우리 어린시절에도 자식들의 어린시절에도 동네 골목에 모여 놀면서 사회생활을 시작했으니 일견 비슷하다고도 할 수 있겠지만, 요즘 아이들의 사회생활은 좀더 이르고 밀도가 높다. 어린 아이들을 가두리 양식장처럼 좁은 공간에 넣어두고 하루 종일 함께 지내도록 하면 당연히 서로간의 스트레스 지수가 높아지지 않을까. 어린 것들로서는 견디기 어려운 상황이 아닐까 싶어 측은한 마음이 든다. 그럼에도 시간이 지날수록 아이들의 사회성이 나아진다고 하니 요즘의 어린이집에서 예전의 형제 많은 가정의 미덕을 일정 부분 실현하고 있는지도 모르겠다.

우리 자식들이 자랄 때도 싸우는 것이 일과였다. 퇴근해서 집에 들어가보면 매일처럼 아이들은 그날의 싸움 결과로 벌을 서거나 울고 있었고, 아내는 아이들을 혼내느라 녹초가 된 채였다. 자식들이 커감에 따라 각자 편을 가르는 전투는 물론이고, 다양한 합종연횡까지 일어났다.

부모된 입장에서 자식들끼리 싸우는 꼴을 보는 것만큼 괴로운 일은 없다. 누군가 편을 들어야 할 때도, 다 잘못했다며 한꺼번에 몰아칠 때도 부모로서 공정한 잣대로 정의를 구현하고 있는 것인지 걱정이 되었다. 그러나 한편으로는 그러한 싸움들을 통해 세상에 나가 반드시 겪게 될 타인과의 싸움에 대비한 기초체력을 기르는 건 아닐까 싶었다. 싸우지 않는 것만 미덕이 아니라 '피할 싸움'과 '해야 할 싸움'을 구별하는 지혜가 필요하다. 이왕 싸움을 시작하면 요령 있게 잘 싸워야 하고, 싸운 후에는 화해든 결별이든 마무리까지 잘 해야 한다. 자식들이 사회에 나가서 얼마나 잘 싸우고 혹은 잘 안 싸우고 사는지는 일일이 확인할 길이 없으나, 적어도 무턱대고 싸움을 두려워하지는 않는 것 같다.

손자들을 지켜볼 때에도 같은 심정이었다. 아이들이 다치지 않기를 바라지만, 언제 어디서나 싸움은 무조건 나쁜 것이니 절대 싸우지 말라고는 얘기하지 않으려고 했다. 남녀를 막론하고 마음과 몸이 모두 강해야 험한 세상을 헤쳐나갈 수 있다고 믿기 때문이다. 차라리 집 안에서 제대로 싸우는 방법을 배워야 바깥에서의 시행착오를 줄일 수 있을 것이다. 다만 우리집 울타리 안에서 둘 사이의 싸움을 조장하지는 않았다. 무엇보다 싸움이 아닌 해결책도 있다는 것과 그것이 우선이라는 점을 깨닫도록 가르쳤다. 가진 것을 공평하게 나누는 법, 문제가 있을 때 대화로 해결하는 법은 어린 나이부터 반드시 익혀야 한다.

대화를 좋아해서 설득이 잘 되는 경모는 조리 있게 설명하면 잘 알아들었다. 생각보다 손발이 먼저 나가기 일쑤지만 마음이 따뜻한 도헌이는 정에 호소하면 신기하게 뜻이 통했다. 비록 사촌지간이지만 각자 외동이라 외로우니 형제간의 우애와 양보를 반복해서 얘기했다.

아이들이 싸우는 양상은 시간이 지나면서 계속 달라졌다. 돌 지났을 무렵에는 같은 장난감을 서로 갖겠다면서 무작정 잡아당기며 울고 싸웠다. 때린 놈도 맞은 놈도 같이 울었다. 그러더니 두어 살 무렵에는 한동안 누가 먼저 때렸는지를 가지고 각자 주장을 폈다. 누가 누구를 먼저 때렸는지를 분간하기는 쉽지 않았다. 먼저 때렸다는 녀석도 겁이 나서, 또는 혼날까봐 같이 울음을 터뜨리기 때문이었다. 그러다가 녀석들이 만 네 살에 접어들 무렵부터는 폭행의 고의성을 따지기 시작했다. "도헌이가 내 눈을 보면서도 일부러 때렸단 말이에요." "그냥 실수로 친 거예요." 등등의 주장이 나왔다. 싸움의 원인은 명백

"우리 지금 벌 서고 있어요."

한데 양상은 갈수록 복잡해졌다. 그 가운데에서 중재를 하는 것도 점점 어려워졌다.

딸들이 손자들과 같이 있을 때 싸움이 나면 보통 제 아이를 혼냈다. 동기간에 서로를 배려하느라 그랬을 것이다. 하지만 아내와 나는 잘잘못을 따지며 대놓고 어느 한 쪽의 편을 드는 것은 피하려고 했다. 아이들을 하나씩 맡아 따로 떼놓고 설명하고 달래주었다. 아무리 잘못했어도 기댈 구석은 있어야 하기 때문이다. 매는 절대 대지 않았다. 부득이하게 벌을 세워야 할 때에는 마루 구석의 다듬이돌 위에 둘을 함께 세워두었다. 아무리 속상해도 아이들이 듣고 있을 때에는 괜한 신세한탄이나 악담을 얹어서는 안 된다는 마음을 다졌다. 벌을 세우고 나서는 무엇을 잘못했는지 직접 다시 말하게 했고 서로 화해를 하도록 했다.

아이들은 자란다. 그리고 계속 싸운다. 해법은 싸움을 못하게 하는 것이 아니다. 말린다고 싸우지 않으면 아이가 아니다. 보다 중요한 것은 양육자들이 싸움에 대처하는 방식이다. 아이들의 성격을 헤아려 중재하고 상황을 이해시키는 노력이 꼭 필요하다.

젖병과 담요

　　EBS 프로그램에서 양육자와 아이의 관계가 '안정애착' 과 '불안정 애착' 으로 나누어진다는 내용을 접한 적이 있었다. 두어 살짜리 아이들을 대상으로 한 실험은 극적인 대비를 보여주었다. 자신의 요구에 즉각적으로 반응하는 부모 밑에서 충분한 사랑을 받으며 자란 아이들은 엄마와 떨어져도 불안해하지 않았고 엄마를 대신하여 자리를 차지한 다른 사람들에게도 거부감이 없었다. 반면 불안정애착을 형성할 수밖에 없었던 아이들은 엄마와 있을 때는 오히려 엄마에게 무관심하다가 엄마와 헤어지려고 하면 극심한 불안 증세를 보였으며 돌봐주는 사람과의 관계도 불안해보였다. 평소 육아이론에 문외한이다가 이 프로그램을 보고 감명과 충격을 받은 나는 아이들의 '애착 형성' 에 좀 더 신경을 쓰게 되었다.

먼저 아내와 나는 아기들에게 눈을 많이 맞추려고 노력했다. 어쩌면 참 쉬운 일이었다. 아기들이란 너무 귀여워서 눈을 떼기가 싫을 정도니까. 아이들이 태어나고 몇 달이 흐르자 막 시작한 옹알이에 어쩌고 저쩌고 대답을 해주기 시작했다. 이것도 한편으로는 쉬운 일이었다. 어른들의 본능이 아닐까 싶게 저절로 대답이 흘러나왔다. 그리고 결코 오래 울도록 내버려두지 않았다. 아내는 신기하게도 울음소리의 의미를 구별해냈다. 흔히 말하듯이 배가 고픈 것인지, 기저귀가 축축해서인지, 그냥 기분이 안 좋아서인지, 어디가 아파서인지……. 그때마다 금세 알아채고 알아서 대응을 잘 해주었다. 어른이 둘이나 되면서 어린 것들을 오래 울게 놓아둔다는 것은 있을 수 없는 일이었다. 그리고 보면 애착 형성의 기본이란 어른들이 아기를 위하는 본능에 충실하자는 것이 아닌가 싶었다.

그 덕분인지 초기 일년여 동안 도헌이와 경모는 낯을 별로 가리지 않았으며 잘 웃고 잘 놀고 평온한 상태에서 지냈다. 우리를 잘 따랐고 제 부모도 잘 따랐다. 친가에 가서는 물론이고 가끔 집에 아기 보러오는 일가친척들에게도 잘 안겼고 붙임성 있게 굴었다. 제 집으로 갈 때에도 잘 갔고, 우리집으로 돌아올 때에도 순순히 잘 왔다. 전문가가 아닌 우리로서는 '안정애착'의 정도를 가늠하기 어려웠지만, 대체로 이만하면 관계 형성이 잘 되고 있지 않나 안심하는 마음이었다. 엄마와 헤어지는 것이 어려워지는 시기에도 아이들은 생각보다는 의연하게 지냈고, 우리와 같이 머물면서 침울해 있거나 하는 법은 없었다.

그러다가도 에미들을 만나면 크게 반기며 좋아했다.

그렇지만 도헌이와 경모의 특정한 행태들은 역시 아이는 계속 엄마 품에서 자라는 게 제일 좋을 거라는 생각을 어쩔 수 없이 하게 만들었다. 아이들은 사람보다는 일정한 사물에 특히 강한 애착을 보였다. 사람들은 오고가지만 손에 쥘 수 있는 물건들은 항상 곁에 있어준다는 안정감 때문이 아니었나 싶다. 아내가 전업주부로 우리 자식들을 키울 때는 발견할 수 없었던 손자들의 행태는 한편 신기하기도 했고, 다른 한편으로는 마냥 측은했다. 그러다가 결국은 이런 것도 다 달라진 이즈음의 삶의 모습으로 껴안아야 하는 게 아니냐 하는 쪽으로 수렴되었다. 아이들에게 정서상 큰 문제는 없었던 데다가 이후 어린이집 생활에서도 사회성이 좋다고 평가되는 것을 보면 말이다.

도헌이는 다섯 살이 된 지금도 저녁이면 젖꼭지 달린 젖병으로 따뜻한 우유를 먹곤 한다. 평소에는 멀쩡히 컵을 쓰다가도 유독 잠들기 전에는 젖병을 선호한다. 잠자기 전 우유 한 잔 마시는 것까지야 좋은데, 젖을 떼고 나서도 젖병을 떼지 못하니 좀 걱정스러웠다. 에미는 그렇게라도 입이 짧은 녀석이 우유를 충분히 먹어주니 다행이라고 위로하는 모양이다.

게다가 이 녀석은 뭐든 손에 쥐고 다니거나 주머니에 넣고 다녀야 안심이 되는 것 같다. 평소 좋아하는 로봇 장난감이면 그러려니 하겠는데 하다못해 길에서 주운 돌멩이라도 쥐고 있으려 했다. 에미가 논문 쓰고 연구한다고 같이 있으면서도 녀석 혼자 놀게 놔둔 시간이 많아서 그러는 건 아닌지, 어린 마음에 뭔가 채워지지 않고 허전해서 무의식적으로 그러는 것은 아닌지 마음이 쓰였다.

경모는 일찍부터 제 어미가 사다준 보드라운 연두색 담요에 유난한 애착을 보였다. 어딜 가나 담요를 끌고다녔고, 특히 잘 때 그 담요가 없으면 찾을 때까지 한바탕 울고불고 난리가 났다. 경모에게 담요는 매일 오락가락하는 엄마의 대용품이었던 것 같다. 사람은 오고가지만 담요만은 경모 곁에 한결같이 있어주었으니까. 녀석은 담요에 밴 자기 냄새를 킁킁 맡고 담요 가장자리 솔기를 만지작거리며 잠이 들었다. 잠에서 깨어서도 담요부터 찾았다.

한동안은 경모가 담요를 아예 빨지도 못하게 해서 녀석이 자는 동안 몰래 가져다 빠는 수밖에 없었다. 보다 못한 제 에미가 번갈아 쓰라고 똑같은 하늘색 담요를 사왔다. 처음에는 새 담요를 낯설어하던 녀석도 이내 두 가지 담요를 모두 좋아하게 되었다. 다행히 녀석이 만 네 살이 지나면서는 담요에 대한 집착도 점차 줄었다. 담요를 어디에나 끌고다니지는 않는다. 다만 아직도 집에서는 가슴 가까이 담요를 두르고 만지면서 자는 모양이다.

부모가 바쁠수록 아이에게는 불안정한 삶이 펼쳐질 수밖에 없다. 그럴수록 아이에게는 안정을 주는 대상이나 위안거리를 찾아내려는 본능이 강하게 발휘되는 모양이다. 그야말로 보호본능이고 생존본능이다. 더러 우려도 했지만, 아이들이 어디든 의탁을 해서 나름대로 어려운 시기들을 무난하게 넘기는 모습을 보면 한편으로 안심이 된다. 도헌이의 젖병도, 경모의 담요도 그런 면에서는 다 고마운 존재들이다.

고무공과 자동차

경모가 최근까지 거의 일년 반 동안 몹시 귀애하던 자동차가 하나 있었다. 자동차를 유난히 좋아하는 녀석이라 그간 식구들이 너도나도 장난감 자동차를 선물해, 어느덧 수십 대나 되었다. 하지만 녀석이 어리고 손이 여물지 못할 때라 수시로 떨어뜨리고 부딪치고 하여 수중의 자동차 중 반 이상은 망가져버렸다. 억지로 가지고 놀자면 못 놀 것도 아니었겠지만, 부서진 모서리가 날카로워서 다칠 것이 염려되었기 때문에 내다버렸다. 그중 군용 지프차 한 대는 매우 튼튼해 여간해서는 망가지지 않았고, 특히 오랫동안 이 녀석의 사랑을 받았다. 경모는 그토록 사랑하는 담요와 함께 지프차를 줄곧 손에서 놓지 않았다.

그런데 이 녀석이 어디선가 지프차를 잃어버렸다. 아마도 제 부모와 함께 들른 백화점 매장이 아니었나 싶다고 했다. 그 전에도 종종 음식점이나 상점에서 다른 무언가에 정신이 팔려 지프차를 두고 나온 적이 있었고 그때마다 점원들이 찾아주곤 했는데, 이번만은 그런 행운이 비켜 간 모양이었다. 나는 행여 어린 마음에 충격이 크지 않을까 염려했다.

그러나 신기하게도 이 녀석은 반나절 정도 지나자 지프차에 대한 집착을 훌훌 털어버린 것 같았다. 물론 가끔 "내 지프차는 누가 주워 갔을까요?"라며 행방을 궁금해하는 것도 같고 "그 지프차는 튼튼했었는데……."라며 간단없는 아쉬움을 나타냈지만, 그렇다고 마냥 슬퍼하며 울고불고 하지는 않았다. 어린 녀석의 이처럼 '쿨한' 태도를 보고 나로서는 놀라지 않을 수 없었다.

나는 지금도 가슴 저린 상실의 추억 하나를 간직하고 있다. 내가 네 살 때였다. 해방되고 얼마 되지 않았을 때 외갓집에 놀러갔다가 작은 고무공 하나를 선물로 받았다. 일제 때 배급품인데 외삼촌들이 아끼던 공이라면서 외할머니가 내게 주신 것이었다. 당시의 고무공이란 매우 드물고 대단한 놀잇감이었다. 나는 그 고무공이 너무나 좋아서 어머니가 보따리에 넣어가자는 것을 한사코 마다하고 양손에 쥔 채 가슴에 안고 갔다. 그렇게 트럭을 타고 진주로 왔고, 남강을 가로지르는 철구다리를 건넜다. 몹시 춥고 바람마저 부는 날이었다. 나는 공에 집중하느라고 앞길도 잘 못볼 지경이었다. 그러다가 어찌된 일이었는지 다리 중간쯤에서 공이 내 손을 빠져나가고 말았다. 공은 통통 튀어서 떼굴떼굴 굴러, 절대로 가지 말아야 할 다리 난간 밑 구멍으로 쏙 들어가버렸다. 놀라서 꼼짝 못하고 바라만 보고 있던 내 눈에 그 공이 까마득한 강물 위로 떨어지고 이내 강을 따라 떠내려가는 장면이 거짓말처럼 펼쳐졌다. 나는 길바닥에 주저앉아 울음을 터뜨리고 말았다. 그때 어머니는 내 등짝을 때리면서 "그봐라. 내 보따리에 넣자고 그랬지." 하고 속상해 하셨다. 나는 더 크게 통곡을 하면서 공이 내 시야에서 사라질 때까지 지켜보았다.

그 작고 하얀 고무공이 지금도 생각난다. 그 공이 남강을 거쳐 낙동강을 지나서 바다로 나가 태평양 어디쯤 지금도 떠다닐까 하는 상상을 해본다. 제대로 한번 가지고 놀아보지도 못했던 그 공은 원통하고 억울한 그리움으로만 남았다. 그리고 환갑을 훨씬 넘긴 나이가 되어서도 생각이 나는 것이다.

경모가 오랜 친구였던 지프차를 잃고도 별로 슬퍼하지 않는 것이 의아하지만 한편으로는 다행이었다. 이왕이면 살면서 녀석이 집착도 덜 하고 상실의 아픔 같은 것도 덜 겪었으면 하는 바람이다. 어차피 물건은 물건일 뿐이니, 필요에 따라 쓰다가 인연이 다하면 미련 없이 버리는 쪽이 더 나은 삶의 태도인 듯싶다. 다만 내 세대의 옹색한 집착이 과도한 결핍에서 비롯되었던 것처럼 이 새로운 세대의 신선한 '쿨함'이 과도한 풍요의 부작용은 아니기를 바란다. 아낄 것은 아끼고, 슬퍼할 것은 슬퍼하고, 기억할 것은 기억하고, 잊을 것은 잊어야 한다. 대상의 절대적 가치를 셈할 방법이 적다고 해도 너무 상대적으로 결정되지만은 않았으면 좋겠다.

모델의 추억

2008년 10월의 일이었다. 큰딸이 전화를 했다. 경모 돌 사진을 촬영했던 스튜디오에서 경모에게 기저귀 모델 제의를 해왔다는 것이다. 듣자하니 선발과정에 참여하는 것이 아니고 아이 사진을 보고 거의 결정을 해서 연락을 한 모양이었다. 큰딸은 한창 바쁠 때인 데다 평소에 그런 쪽을 탐탁해하지 않던 터라 처음에는 거절을 했다고 한다. 하지만 이 얘기를 전해들은 아내는 "왜 재미있을 것 같은데? 내가 데리고 갈게."라며 나섰고, 경모 에미는 별로 내키지 않는다면서도 어린 시절의 독특한 추억이 될 거라는 아내의 권유에 넘어갔다.

며칠 후 청담동의 스튜디오에서 광고사진 촬영이 있었다. 경모 에미는 워낙 바빠서 아내와 마침 쉬는 날이었던 막내가 경모를 데리고 나갔다. 생각보다 시간이 많이 걸렸다. 아침에 나간 일행이 돌아온 것은 저녁때가 다 되어서였다. 광고에 쓸 사진은 포장지에 나올 한두 컷 뿐이라서 잠깐 동안 사진 좀 찍으면 되는 줄 알고 갔는데, 막상 가보니 거의 온종일 쉬다 놀다 하며 찍고 또 찍었다는 것이다. 경모는 거기서 쉬야며 응가도 몇 번이나 하고, 맘마도 먹고, 잠시 낮잠도 자면서 버텼다. 연기 지시도 할 수 없는 아기를 놓고 원하는 자세와 표정을 얻는 것은 쉽지 않았겠지만, 어린 아기로서는 고생 중의 고생이었을 것이다. 경모는 촬영장에서는 잘 놀았다지만 생전 처음 겪어본 중노동이었던지 차에 태우자마자 잠이 들어서 다음날 아침까지 12시간쯤을 내리 잤다.

경모는 이렇게 해서 '2009년도 하기스 골드 5단계 남아용 기저귀' 포장지의 모델이 되었다. 아내에 의하면 촬영장에서 만난 다른 아이들은 모두 치열한 몇 차례의 선발과정을 거쳐서 행운을 잡은 터라 엄마들에게 흥분과 기대의 표정이 역력했다고 한다. 그 개월 수의 남자 아이들 중에 마땅한 아이가 더 발견되지 않았던 때문인지, 경모만 스튜디오 추천으로 경쟁 없이 선택된 셈이었다. 우리 식구들이야 당초 그런 세계에 별 관심이 없으니 그냥 초연하게 관찰하는 입장에서 하루를 겪고 온 셈인데, 다들 아이에게 다시는 못 시킬 고생이라는 반응이었다.

경모는 이후 모델료로 100만 원을 받았다. 아기의 하루 촬영 일당으로는 꽤 된다는 생각도 들었고, 사진이 향후 1~2년 간 계속 사용된다는데 거기에 비하면 너무 싼 것이 아닌가 하는 생각도 들었다. 하긴

처음부터 가격이야 흥정할 수 있는 게 아니었으니 따질 것은 못된다. 돈을 받았다는 말을 듣고서 나는 경모를 안고 "아기가 벌써 돈을 벌어왔네. 장하네."라고 말했다.

2009년이 되자 마트마다 새로운 포장지의 기저귀가 등장했다. 우리 경모도 남아용에 한 컷, 남녀공용 포장지에 다른 여자아이와 한 컷 등장했다. 뿌듯한 나머지 여기저기 기회만 있으면 자랑하고 싶었다. 매장을 돌다가 경모를 보고 다른 사람들이 "그 녀석 잘생겼다." 하면 내가 나서서 "바로 이 아이가 하기스 기저귀 모델입니다."라고 자랑

했다. 아내도 예외가 아니었다. 병원이든 식당이든 놀이터든 어디든 이 녀석을 보고 잘생겼다고 칭찬하는 사람이 있으면 습관처럼 자랑이 튀어나왔다. 그러면 칭찬을 한 쪽에서도 "그래서 어디선가 본 것 같았구나." 하고 맞장구를 쳐주었다. 그냥 그렇게 자랑은 통했고, 기분이 좋았다.

경모 에미와 애비를 각각 아는 사람들은 경모를 보면 좀 오해를 한다고 한다. 큰딸은 굉장히 잘생긴 남자와 결혼한 줄 알고, 큰사위도 상당한 미인을 부인으로 둔 줄 안다는 것이다. 부모가 모두 선남선녀로 잘생겼어도 아이가 그만 못한 예도 있는데, 경모의 경우는 그와 반대다. 아무튼 경모는 유명한 기저귀 광고모델까지 되었으니 비로소 잘생긴 것에 업계의 공인公認을 받았다고 해야 할까. 손자가 모델이 된 것은 즐겁고 신기한 경험이었고, 식구들은 모두 그것으로 충분하다고 생각했다.

사진을 찍은 스튜디오에서는 "이건 아기 모델 하려는 아이들에게는 일종의 등용문 같은 거예요."라며 계속 모델을 해볼 것을 권했다지만, 막상 큰딸은 "이번 한 번뿐이에요." 하며 별로 흥미를 보이지 않았다. 경모는 오랫동안 포장지에 제 얼굴이 나온 5단계 기저귀를 쓰다가 2009년 여름에는 기저귀를 졸업했다. 2008년 가을의 경모 모습은 그후로도 2년 동안 계속 마트에서 만날 수 있었다.

2011년이 된 지금은 새로운 포장지가 등장한 모양이다. 문득 찾아보려고 했는데, 그때 포장지를 온전히 남겨둔 것이 없다. 사진을 찍기는 했는데, 내가 마트에서 처음 보고 신기한 마음에 휴대전화로 찍은 것 하나뿐이다. 아내나 나나 만나는 사람들마다 붙잡고 자랑만 했지 사후관리가 이 정도로 허술하니 대체로 연예계의 일에는 초연하다고 해야 할까, 아예 자격이 없다고 해야 할까.

아는 것이 더 많아요

　내가 어렸을 때 우스갯소리 하나를 들었던 기억이 난다. 옛날옛날 한 두메산골에 노부부가 살았다고 한다. 장날 수십 리 길을 걸어 그간 모아온 산나물과 약초를 팔러 장터로 갔다. 그들은 값을 매길 줄 몰라 사는 사람이 10전 주겠다고 하면 10전을 받았고, 20전을 주겠다고 하면 20전에 팔기도 했다. 돌아오는 길에 할멈이 영감보고 말했다. "영감 이 세상 돈은 참 많겠지요? 아마 다 합치면 10만 원도 넘을 거야." 이 말을 들은 영감님 말씀. "원 사람 무식하기는! 세상 돈이 어디 10만 원만 되겠어? 100만 원도 넘을 텐데." 세상 넓은 줄 모르는 우물 안 개구리 같은 사람들의 얘기라고 하겠지만, 세상을 살아가다보니 나를 포함해 누구나 이 이야기의 주인공이 될 수 있음을 깨닫는다.
　나는 초등학교 3학년 때쯤인가 구구단을 배웠다. 구구단을 외우고 나니 우쭐한 마음이 들었고 숫자의 이치를 다 깨친 것 같았다. 나는 그때 산수공부는 다 끝난 줄 알았다. 지금이야 아이들이 선행학습에 치여 초등학교에서 이미 중학교 공부를 하고 중학교 다닐 때 고등학교 공부를 한다고들 하지만, 당시 시골 학교에서 접할 수 있는 것이라곤 그 학년의 교과서가 전부였다. 구구단을 배웠을 당시에는 인수분해며 방정식이며 미분적분이며 계속 배워나가야 할 것들이 있으리라고 상상도 못했다.

어느 날 경모가 하도 이것저것 아는 체를 많이 하기에 내가 물었다. "너는 네가 아는 것이 더 많다고 생각하니, 모르는 것이 더 많다고 생각하니?" 세 돌 넘은 아이는 망설이지 않고 대답했다. "아는 것이 더 많아요." 식구들의 폭소가 터졌다.

다른 날 도헌이에게도 똑같은 질문을 해보았다. 녀석도 비슷한 대답을 했다. "저 아는 것 엄청 많아요. 글자도 알아요." "그래, 무슨 글자를 아는데?" " '도' 자요." 또다시 아내와 나는 크게 웃었다.

어른들은 스스로 많이 안다고 자부하는 아이들의 무지를 탓하지 않는다. 알기 시작하는 앎이 많음도 옳은 것이며, 알고 난 후의 앎이 적음도 옳은 것이기 때문이다. 그리고 무엇보다도 무지의 크기는 스스로 깨닫는 것이지 남이 일러줘서 아는 것이 아니다. 게다가 어린시절의 나와 비교하면 손자들이 이렇게 식구들에게 웃음을 주고 놀림을 당하는 것이야말로 행복한 노릇이 아닐 수 없다. 어른들이라고 해서

알고 싶은 게 많은 나이. 나는 이 아이들에게 얼마나 튼튼한 지혜의 울타리를 만들어줄 수 있을까.

반드시 더 많이 아는 것은 아니겠지만, 어느 단계까지는 어른들이 둘러쳐준 앎과 이해의 울타리가 튼튼해야 아이들을 지켜줄 수 있지 않을까. 나중에 그 울타리를 얼마나 빨리 뛰어넘어 밖으로 나가느냐 하는 것은 아이의 역량에 달린 것일 테고.

우리 손자들이 자라서 공부를 잘하게 될지는 모르겠다. 건강하고 머리도 괜찮은 부모에게서 태어났으니 특별히 못할 이유는 없겠지만, 그래도 요즘 세상의 공부 강박은 도를 넘는지라 섣불리 어떨 것이라 예상조차 못하겠다. 하도 여기저기서 공부 타령을 하니 어디선가 들었던지, 제 부모가 평소 공부 얘기를 하거나 공부를 시킨 것도 아닌데 경모가 내게 "공부가 뭐예요?" 하고 물어왔다. "공부는 세상에 대해서 모르는 것을 알아가는 거야. 아주 재밌는 거지." 했더니, "빨리 공부하고 싶다. 저는 공부를 아주 잘할 거예요."라는 기특한 반응을 보였다. 말대로만 되면 좋으련만, 어릴 때 영재 아닌 아이가 없다니 섣불리 맞장구쳐주기도 어렵다.

우리 자식들을 키울 때는 처음부터 공부를 잘할 거라는 대책없이 확고한 믿음이 있었다. 굳이 근거를 대라면 '내가 학교 다닐 때 공부를 제법 잘했으니 내 자식이 절대 공부를 못할 리 없다'는 정도였는데, 그게 돌이켜보면 참 막연하고 용감한 생각이었다. 사회학자들이 연구한 바대로, 부모의 학업적 성취도는 자식에게 DNA처럼 고스란히 대물림되는 게 아니다. 그보다 부모의 사회적 성공을 통한 금전적 지원이나 환경적 자극과 같은 복잡한 매개변수들을 통해서 구현된다고 보아야 옳을 것이다. 물론 돌연변이라는 것도 있고 지원이나 자극이 부작용을 불러오는 경우도 많다. 결국 통계만 존재할 뿐 확실한 보장이란 없는 셈이다. 그런데도 우리는 남다른 대책 없이 그냥 그렇게 믿고만 있었던 것이다.

결과적으로 우리 자식들의 경우 평균을 내면 보통을 뛰어넘게 잘했다고 봐야겠지만, 양상은 다 제각각이어서 어떤 아이는 기대를 훨씬 뛰어넘어 잘했고, 또 어떤 아이는 기대에 늘 조금 모자랐다. 처음부터 꾸준히 잘한 아이가 있는가 하면, 내내 미진하게 속을 썩이다가 막판에야 늦공부가 트인 아이도 있었다. 요즘은 아이들이 공부를 잘해 좋은 학교에 가면 부모가 아예 경험담을 책으로 내거나 노하우를 살려

직업적인 컨설팅에 나서거나 학원까지 차리거나 한다던데, 우리 부부는 사실 아이들 공부 잘하게 하는 방법 따위는 잘 모른다. 굳이 하나 내놓으라면 근거는 희박하나 어디에도 뒤지지 않는 '믿음'을 꼽아야 할 것이다.

듣자하니 요즘 우스갯소리로 아이가 좋은 대학에 가려면 엄마의 정보력, 아빠의 무관심, 할아버지의 재력이 필요하단다. 엄마가 발빠르게 정보를 모아오면 아빠는 군소리없이 따라주라는 의미렷다. 그리고 결국 모든 것을 가능케 하는 건 재력일 터이다. 그것도 당대에 쌓은 것이 아니라 이전 세대의 재력까지 끌어와야 할 정도의 상당한 투입이다.

상황이 이렇게 가혹한 데 비해 나의 처지란 한심하다. 할아버지인 내가 우리 손자들에게 줄 것이란 든든한 재력이 아니라 말짱 소용없다는 그 믿음뿐이다. 하지만 어쩌겠나. 가진 게 그뿐인걸. 그리고 혹시 아는가. 무모함이 다시 통하게 될지.

순위놀이

손자들이 만 두 살 넘으니 비로소 대화가 통한다. 이럴 때 어른들이 아이와 공통적으로 주고받는 대화가 뭘까. 모르긴 몰라도 '누가 제일 좋아?' 놀이가 다섯 손가락 안에 꼽힐 것이다. 누구나 처음에는 심상하고 사심 없이 이 놀이를 시작한다. 그런데도 막상 순위가 뒤처지면 이것처럼 서운한 게 없다. 학교 시험처럼 일등을 제외하고는 거의 모두가 불행해지는 것이 바로 이 놀이다. 게다가 조부모란 순위가 강아지보다 못하다는 흉흉한 소문도 있다.

이런 사정을 다 알면서 나도 그 유혹을 이기지 못했다. 아마도 내가 이 녀석들과 하루 중 가장 많은 시간을 보내고 있다는 자신감이 날 부추긴 것 아니었을까.

"경모야, 너는 누가 제일 좋으냐?"

"음.. 하버지."

"그 다음에는?"

"함머니."

"다음에는?"

"엄마."

"도헌이는 누가 제일 좋지?"

"어… 어… 하라버지."

"그 다음은?"

"어… 엄마."

나는 기분이 몹시 좋았다. 혼자만 알고 있기에는 너무 아까워서 부엌에서 다른 일을 하고 있던 아내를 불렀다. 아내는 내 방으로 들어오며 "아유, 다 들었어요. 좋기도 하겠네."라며 웃음 띤 핀잔을 주더니, "녀석들이 벌써부터 정치를 하네."라고 한마디 덧붙였다. 그렇지 않아도 아내는 아이들이 나를 더 따른다고 서운해하던 참이었다. 그도 그럴 것이 아내는 빨래하고 먹을거리 마련하고 각종 뒤치다꺼리 하느라 바빠서 막상 아이들과 한가하게 놀아주고 얘기할 시간은 부족했다. 예전에 나는 늘 엄마한테 밀리는 아빠였다. 그게 다 먹고 사느라 직장에 매여 있었기 때문인데, 그야말로 인생역전이다. 아이들과는 역시 함께 눈 맞추고 부대끼며 보내는 절대 시간이 중요한 모양이다.

딸들도 이 무렵엔 제 아이들과의 순위놀이를 피해갈 수 없었다. 도

아이는 기억해줄까.
한때 우리가 서로의 인간관계에서 일등이었다는 사실을.

헌이는 똘똘하게 제 엄마 앞에서는 엄마를 먼저 꼽고 아빠 앞에서 아빠를 먼저 댄 모양인데, 경모는 상당 기간 충성스럽게 할아버지 타령부터 해댔다. 그러나 딸들은 별로 속상해하는 기색 없이 즐거운 듯 이 얘기를 전해주었다. 부족한 할아버지이지만 그간 아이들에게 기울인 노고만큼 입지를 인정해주는 듯도 했고, 지금 뭐라고 한들 어차피 지나갈 한때의 일이라며 신경 쓰지 않는 것 같기도 했다.

이유야 어쨌든 제 부모들이 순위에 민감하게 반응하지 않으니 다행이었다. 다만 내심 미안하고 죄송하기로는 사정상 돌보아줄 수 없었던 아이들의 친가에 대해서다. 혹시 아이에게 재미로 같은 질문을 하셨다가 실망하지 않으셨는지 은근히 걱정이 되기도 했다. 딸들처럼 대수롭지 않게 받아들여주시기를 바랄 뿐이었다.

　어린 것들은 영물이다. 자기를 보호해줄 사람과 경계해야 할 사람을 본능적으로 알아차린다. 가족 중에 누가 약자이고 강자인지, 게다가 서열까지도 느껴낸다. 아양을 부리거나 떼를 쓸 상대도 가려낸다. 그게 다 누대에 걸쳐 인간의 유전자에 새겨진 생존본능이다. 나도 어릴 때 친척집에 갔다가 붙잡혀서 아기를 봐주게 된 적이 제법 있다. 아기는 제 식구와 있을 때에는 나에게 별 관심을 보이지 않고 데면데면하다가도 업고 밖으로 나가 단 둘만 있게 되면 그렇게나 찰싹 안겨서 귀엽고 나긋나긋하게 굴 수가 없었다.

　입양 보내는 아기들도 마찬가지라고 한다. 비행기를 타고 가는 동안 내내 울고 고약하게 굴다가도 막상 입양할 사람에게 인계하고 나면 신통하게도 그 품에 찰싹 안겨 안정이 된다고 하니, 그 어린 것들이 논리적으로 생각을 해서 그리 되는 게 아닐 터이다.

　우리 아이들도 저도 모르게 그러한 본능에 따라 움직였을 것이다. 사정상 외조부모의 품에서 자라게 되었으니 가장 중요한 사람으로 쳐주는 것이다. 제 부모와 같이 살게 되면 당연히 순위는 이동할 것이었다. 한때는 할아버지가 그 녀석들의 인간관계에서 일등이었다는 사실을 제대로 기억해줄지도 의문이다. 잊어버려도 특별히 서운해하지 않기로 마음을 다잡는다.

　헛된 순위놀이와 무관하게 언제나 기특하고 고마운 것은 아이들이 좋아하는 사람, 보고 싶은 사람들을 고를 때 순서 상관없이 식구들 이름을 쭉 읊어대는 모양새다. 한 명이라도 빼놓지 않기 위해서 "어, 또 우리 식구 누가 있더라." 하고 작은 머리를 갸우뚱하며 고민하는 그 마음이 예쁘기 그지 없다.

오래된 위안, 오래된 협박

아이들은 거의 매일 잠투정을 했다. 간혹 운 좋은 날에는 녀석들이 몇 번 뒹굴뒹굴하다가 순식간에 잠에 빠져들기도 했다. 하지만 대개는 쉽게 잠을 이루지 못해 징징거리는 날의 연속이었다. 이럴 때는 별 수가 없었다. 날이 좋고 사정이 여의하면 유모차에 싣고 나섰지만, 날이 궂거나 하면 아기띠를 둘러 들쳐 업었다. 그러고는 잠이 들 때까지 엉덩이를 토닥거리고 서성대며 이 노래 저 노래 생각나는 대로 흥얼흥얼 불러주었다.

처음에 내 자장가 레퍼토리는 하나뿐이었다. "자장자장 자장자장/ 우리 아기 잘도 잔다/ 우리 아기 자는 데는/ 멍멍 개도 짖지 말고/ 꼬꼬 닭도 울지 마라." 수십 년 전, 어린 나를 재우며 할머니가 불러주시던 노래였다. 신기하게도 이 오래된 자장가를 나는 기억하고 있었다.

그런데 이내 이 한 가지만 매번 30분 이상 반복해서 부른다는 게 조금 단조롭게 느껴졌다. 아내는 어떤 노래를 불러주는지 옆에 가만히 앉아 들어보았다.

　　금자동아 은자동아/ 나라에는 충신동이/ 부모에는 효자동이/ 형제에는 우애동이/ 집안에는 화목동이/ 금을 준들 너를 사랴/ 은을 준들 너를 사랴/ 자장자장 자장자장/ 우리 아기 잘도 잔다.

나도 이내 아내의 자장가를 따라 부를 줄 알게 되었다. 두 사람이 줄창 불러대니, 도헌이와 경모까지 이 노래를 다 외워서 "나라에는?" 하면 "충신동이!", "부모에는?" "효자동이!" 하는 식으로 곧잘 문답 놀이를 했다.

아내는 아이들을 재울 때 〈섬집 아기〉와 〈기찻길 옆 오막살이〉라는 동요도 곧잘 불렀다. 내 평생 동요란 초등학교 시절 외에는 부를 일이 없었는데, 어쩌다보니 늘그막에 새삼 동요까지 외워 부르게 되었다. 〈섬집 아기〉 노래는 아이들이 참 좋아해, 종종 자기들이 먼저 불러달라 청하기도 했다. 엄마가 굴을 따러 나간 상황이 딸들이 밖으로 일하러 나간 현실과 비슷하기도 하고, 아기가 순하게 잠이 드는 결말도 괜찮았다. 아내와 나는 사실 1절밖에 몰라서 내내 그것만 불렀는데, 어느 날 아이들의 동요 테이프를 들어보니 2절도 있었다. 잘 들어보니, 엄마가 불안해져서 굴도 다 못 따고 돌아온다는 2절보다는 그냥 잠드는 것으로 끝나는 1절이 나왔다. 〈기찻길 옆 오막살이〉도 아기가 잘 자는 것으로 끝나기 때문에 거의 무의식적으로 반복해서 잠을 강요하는 효과가 있었다. 아내와 나는 주문처럼 이 노래들을 읊어댔다.

　엄마가 섬그늘에 굴 따러 가면 아기는 혼자 남아 집을 보다가 바다가 불러주는 자장 노래에 팔 베고 스르르 잠이 듭니다.

　기찻길옆 오막살이 아기아기 잘도 잔다. 칙 폭 칙 폭 칙칙폭폭 칙칙폭폭 칙칙폭폭. 기찻소리 요란해도 아기아기 잘도 잔다.

물론 아무리 아기자기한 자장가라도 매일같이 목이 아프도록 부르다보면 단물이 빠질 대로 빠진 딱딱한 껌처럼 느껴지기도 했다. 이럴 때는 아이에게 제발 자달라는 부탁보다는 그렇게 안 자고 계속 보채다간 큰일 날 거라는 협박마저 하고 싶어지는 것이 인지상정이다. 옛날 영국의 자장가에는 아기 요람이 바람에 떨어지고, 거인이 아기를 잡아먹는다는 섬뜩한 내용을 담은 것들조차 있다고 하는데, 애 보는 사람이 얼마나 지치고 화가 났으면 그랬을까 싶기도 했다.

자장가를 아무리 불러도 아이들이 잠투정을 그치지 않을 때면 충동적으로 써먹던 게 바로 '망태 할아버지'다. 내가 자랄 때도 우리 자식들 키울 때에도 망태 할아버지가 등장했었는데, 수십 년이 흐르고 난 후 그 망태 할아버지가 다시 나타난 것이다. "어이, 망태 할아버지 온다."하고 일단 녀석들에게 겁을 줘놓고는 속으로 혀를 찼다. '그 망태 할아버지는 참 오래도 사시는구나.' 아이는 겁에 질려 금세 징징거리던 소리가 잦아든다. 그만하면 오래 묵은 할아버지 치고는 꽤 효과가 있다. 그래도 워낙 실체가 없는 것이다보니 내심 찔리기는 했다. 자식들 어렸을 때만 해도 길거리엔 큰 망태나 바구니를 짊어지고 다니던 고물상들이 꽤 있었는데, 이제는 그런 사람들이란 눈 씻고 찾아봐도 없지 않은가.

그래서 우리가 다음에 생각해낸 것이 '세탁 아저씨'였다. 우리 아파트에서는 매일 아침 9시 20분이면 동네 세탁소 주인이 "세~~~탁, 세~~~탁"을 외쳤다. 그 억양이 특이하기도 했지만, 아파트 비상계단 아래 위로의 울림이 더욱 기묘한 효과를 주었다. 문득 도헌이와 경모가 그 소리를 무서워하던 것이 생각났다. 한 번 "세탁 아저씨 온다!"하고 시험 삼아 써먹어보니 망태 할아버지보다 효과가 더 좋았다. 천방지축 세상 모르고 난리치던 녀석들이 세탁 아저씨가 무섭다며 울음까지 터뜨리는 것을 보니 우습고 재미가 있기도 했다. 아이들의 상상 속에서 세탁 아저씨는 검은 옷을 입고 커다란 세탁 바구니에 아이들을 집어넣어 데려가는 것으로 되어 있었다. 그리고 보니 망태 할아버지나 세탁 아저씨나 이름만 다를 뿐 '콘셉트'는 대체로 비슷했다.

무한히 자애롭고 한결같이 참을성 있는, 그래서 고운 자장가만 계속 불러주는 모범적인 조부모였으면 얼마나 좋았으랴. 그러나 실제로는 우리도 어쩔 수 없이 뻔한 유혹에 굴복했다. 우리가 옛날 옛적에 당했던 대로, 써먹었던 대로, 다시 어린 손자들에게도 그 오래된 협박을 한 것이다. 막연한 어둠과 미지의 대상에 대한 공포, 익숙한 것과 결별하는 데 대한 두려움이란 아이들의 무의식 속에 이미 내재되어 있는 것 같았다. 어른들은 별다른 의식이나 죄책감 없이 그런 공포를 이용하고 싶어지는 모양이었고, 약간만 부추겨주면 아이들은 바로 겁을 내며 반응해왔다. 생각해보면 이런 식의 겁주기 놀이란 인류의 역사만큼이나 오래 묵은 것일 터이다.

조금 더 똑똑해진 녀석들이 최근에야 "그런데 망태 할아버지가 뭐예요?" "세탁 아저씨는 진짜 애들을 잡아가요?"라고 물어왔다. 양심선언의 시점이 도래한 셈이었다. 나는 순순히 망태 할아버지와 세탁 아저씨가 실제로는 어떤 일을 하는지 말해주었고, 쓸데없이 아이들을 잡아가지는 않는다는 사실도 털어놓았다. 녀석들은 그동안 왜 속였느냐는 항의도 없이 잠잠히 듣고만 있었다. 일단은 새로운 사실을 받아들이느라 정신적으로 분주한 모양이었다.

이젠 아이들이 혼자서도 잠을 잘 이루는 나이가 되었으니 잠투정을 달래는 비방을 버린다고 해서 아쉬울 것은 없었다. 다만 할아버지의 케케묵은 협박에 금세 울음을 터뜨릴 것 같던 녀석들의 순진한 눈망울이 아직 선하다.

최고의 생일선물

나이가 들어가면서 생일을 맞이하는 심정이 결코 유쾌하지 않다. 생일이 기쁘고 기다려지는 것은 고작 성년이 될 때까지가 아닐까. 점점 더 생일은 피하고 싶은 날이 되어간다. 자식들이 어렸을 때는 아버지 생일이라고 이것저것 선물을 사들고 오는 게 기특했던 적도 있다. 하지만 오히려 자식들이 장성해서는 부담스러운 고가의 선물들을 내놓아 마음이 편하지만은 않았다. 그래도 생일의 미덕을 굳이 찾자면 명절에도 한자리에 모이기 어려운 자식들이 같이 모여 저녁 한 끼 먹을 수 있다는 정도일 것이다. 그나마도 요즘은 어려워지고 있지만.

최근 가장 성대하게 치렀던 내 생일은 2007년이었던 것 같다. 그 무렵 갓난쟁이 겨우 면한 도헌이와 경모 다 우리집에서 돌보고 있었으니 딸들이 좀더 신경을 쓴 것 같았다. 딸, 아들, 사위 할 것 없이 온

내 평생 가장 성대하고 뿌듯했던 생일날.

가족이 다 모였고, 좋은 호텔의 전망 좋은 룸을 빌려 맛있는 식사를 했다. 식사 후에는 크고 멋진 케이크도 나왔다. 나는 케이크를 앞에 둔 채 나들이옷을 차려입은 두 녀석들을 양팔에 끌어안고 사진도 찍었다. 이 사진은 지금까지 몇 년 동안이나 거실 탁자 유리 밑에 넣어두고 본다. 사진 속 나의 표정에서는 말할 수 없는 뿌듯함과 느긋함이 배어나온다.

2008년의 내 생일에는 내가 좋아하는 북경오리 음식점에 갔었고 아이들이 선물을 사가지고 왔었다. 한 해를 건너뛰어 2010년의 생일에도 맛집이라고 소문난 중국식당에 갔었다. 무슨 스웨터나 셔츠 등의 선물도 받은 것 같다. 번거롭게 돈쓰며 밖에서 먹지 말자고 그렇게 우겨도 딸들이 모이면 어딘가 나가게 되는 경우가 많다. 그래도 그렇게 지내놓고 나면 딸들로서는 최소한 할 일을 했다는 기분이 드는 모양이다. 나는 나 자신에게조차 별로 유쾌하지 않은 생일을 가지고 자식들이 신경을 쓰는 것도 좋지 않고, 어딜 나가네 마네 선물을 뭘 하네 마네 하고 복잡해지는 것도 도무지 원치 않는데, 어느 정도는 자식들 마음 생각해서 장단을 맞춰줘야 하는 것 같다.

문제는 해마다 똑같을 듯한 생일의 의례에도 기복이 있다는 것이다. 공교롭게도 몇 해에 한 번씩은 생일이 좀 허전해지기도 한다. 단지 외식이나 선물이 없어서가 아니라, 자식들이 바빠 아예 한자리에 모일 수조차 없는 것이다. 2009년의 생일이 그랬었고, 올해 2011년의 생일이 그랬다.

사실 이런 기억이라는 게 너무 시시콜콜해서 굳이 끄집어낼 생각조차 없었는데, 최근 내 생일을 특별하게 기억할 만한 날로 만들어준 녀석들이 바로 도헌이와 경모다. 우리 자식들은 외국에 있거나 지방에 있을 때, 그리고 하다못해 야근이라도 걸리면 생일에도 얼굴을 내밀지 못했다. 다만 도헌이와 경모만은 태어난 이후 지금까지 한 번도 내 생일에 참석하는 것을 거르지 않았고, 이 녀석들의 생일축하 노래와 촛불 같이 끄기, 그리고 녀석들과의 기념촬영이 내 생일에 가장 큰 선물이었다.

2009년의 생일에는 늘 정성스럽게 뭔가 챙기곤 하던 딸과 사위들이 다 정신없이 바빴는지 선물이 없었다. 나로서는 선물이야 원래 별 관심이 없으니 개의치 않았다. 그나마 고맙게도 생일케이크가 있어서 저녁식사 후에 촛불을 켜고 경모가 손뼉을 짝짝 치며 노래를 불렀다. 녀석에게서 처음으로 듣는 생일노래였다. "생이 추카함미다. 생이 추카함미다. 사랑하는 우이 하버지 선무 마니 받어시게 생이 추카함미다." 아내와 나는 너무 기막히고 대견해서 한참을 웃었다. 어찌 이 녀석이 이런 구절을 넣어 부를 생각을 했을까. 세 살짜리 어린 마음에는 할애비가 선물을 못 받은 게 걸렸나보다. 그날, 나는 아이의 노래 한 구절도 선물이 될 수 있다는 사실을 깨달았다.

한 해 걸러 올해 생일에도 같은 상황이 반복되었다. 아내가 손목을 다쳐서 석고붕대를 하고 있었으니 상황이 더 나빴다고 해야겠다. 이번에는 큰딸과 작은딸조차 시간을 서로 맞추지 못했다. 경모네와 단출한 저녁식사를 했다. 그리고 생일케이크가 놓였다. 경모는 작년보다 훨씬 또렷한 발음으로 생일노래를 불러주었다. 그리고 기념사진을 찍었다. 큰딸이 입덧으로 상태가 안 좋았다. 저녁식사를 하는 둥 마는 둥 마친 후에는 경모와 함께 제 집으로 돌아가겠노라고 했다. 경모는 도헌이를 못 보고 가는 것이 서운한 모양이었지만, 언제나처럼 두 증조할머니와 할머니, 할아버지에게 코가 땅에 닿도록 공손히 절을 하고 떠났다. 아내가 배웅을 한다고 따라 나섰다.

그런데 3분도 안 되어서 갑자기 경모가 다시 현관에 들어섰다. 경모가 제 에미 손을 잡고 아파트 문을 나서다 말고 "나 여기서 자고 가고 싶다. 엄마, 저 다시 갈래요." 하고 돌아섰다는 것이었다. 갑자기 단호하게 우기니 제 에미도 허락을 한 모양이다. 집안의 어른들은 모두 어리둥절할 수밖에 없었다. 녀석은 얼른 겉옷을 벗고는 내복 차림으로 내 옆으로 쏙 들어와서는 옛날얘기를 청한다. 그저 어린아이의 변덕인가 싶어 이유를 더는 묻지 않았다. 나는 예전처럼 옛날얘기를 해주었고, 녀석은 이내 깊은 잠에 빠졌다.

다음날 아침 일어난 녀석이 내게 다가오더니 난데없이 "할아버지, 선물 없어서 섭섭하셨어요?" 하고 물었다. 나는 적이 놀랐다.

"어? 무슨 선물?"

"생일 선물이요."

"아… 어제 너희가 케이크 사왔잖니?"

"그런 거 말고 할아버지가 갖고 싶은 선물이 있었을 거 아니에요?"

"응. 난 그런 선물 필요 없어. 다 이미 가지고 있는걸. 그런데 왜?"

"어제 제가 엄마한테 선물 사자고 계속 말했는데 시간이 없어서 못 샀대요."

"그래서 네가 서운했어?"

"네."

"그래서 네가 어젯밤에 할아버지 위로해주려고 돌아왔던 거야?"

"네."

고작 만 네 살 난 녀석의 마음 씀씀이에 울컥 목이 메고 눈이 시큰

해졌다.

이날 도헌이는 "할아버지 생신 축하해요."라는 글자가 분명한, 색종이에 추상화처럼 그린 생일축하카드를 내게 건네주었다. 나는 그 카드를 거실에서 가장 잘 보이는 장식장 위에 올려놓았다. 그건 내가 손자에게서 처음으로 받은 생일카드인 것이다.

이렇게 또 한 번의 생일이 지나갔다. 그리고 이번 생일은 가장 행복한 생일 중 하나로 기억될 것이다. 녀석들의 순수한 마음이야말로 내게는 세상 어떤 값진 선물보다도 귀한 선물이 되어주었다.

아이들에게서 얻는 깨달음

너는 어디에서 왔니?

　내가 열 살쯤 되었을 때 동네 우물가에서 닭을 잡아 다듬고 있는 장면을 목격한 적이 있었다. 닭의 뱃속이라는 것이 자못 궁금하던 터라서 그 참에 유심히 보았더니 특히 눈에 띈 것이 뱃속의 덜 여문 알들이었다. 거의 다 된 계란, 껍질이 덜 여문 계란, 또 그보다 작은 동그란 계란들이 크기가 다른 포도송이들처럼 줄지어 달려 있는 부분을 꺼내는 장면을 보았다. '아, 이렇게 콩알만한 것부터 차례를 기다리고 있다가 닭이 알을 낳을 때 하나씩 나오는 것이로구나.' 그래서 내 멋대로 비약을 하여 사람이 태어나는 것도 똑같은 이치일 것이라고 믿어버리게 되었다.
　어느 날 예닐곱 명의 동무들과 학교에 다녀오다가 길가 논의 볏더미에 기대앉아 잡담을 하던 도중 나는 그 발견을 발표해버리기로 했다. "느그들 애기가 어떻게 생기는 줄 아나?" 나처럼 무식했던 조무래기들은 갑작스러운 질문에 눈만 껌뻑거렸다. "그건 말이다. 작은 애기들이 여자 뱃속에 줄줄이 들어 있다가 하나씩 하나씩 나오는 거라 이 말이다." "그럼 어린 가스나는?" 하고 누군가 물었다. "더더 작은 눈곱만한 애기가 들어 있겠지 뭐." "그럼 그 눈곱만한 애기 속에는?" 동무들의 거듭되는 질문에 "거긴 더 작은 깨알만한 것이……." 하다가 자신이 없어져서 나는 더 말을 잇지 못했다. 눈으로 본 것이란 아무리 비약을 해도 거기까지가 한계였던 것이다. 그러나 작은 애기들이 여자의 뱃속에 미리 준비되어 있으리라는 내 확신에는 변함이 없었다.

그때 한 동무가 "느그들 애기가 어디로 나오는 줄은 아나?" 하고 물었다. 또 한 녀석이 "여자 오줌구멍으로 나오지." 하고 얼른 대답했다. 나는 잠시 생각을 하다가 "오줌 나오는 구멍으로 어떻게 아가 나오겠나. 똥 나오는 구멍으로 나와야지." 하고 반박했다. 결국 동무들이 두 패로 나뉘어서 서로 자기 말이 맞다고 우기는 상황이 연출됐다.

나중에 중학교에서 생물을 배우며 내가 그제껏 알고 있던 확신들이 와르르 무너지는 경험을 했다. 그 시절에야 다들 중학교에 진학한 것은 아니었으니, 그 친구들 중에서 퍽 오랫동안 그때의 신념을 고수한 이도 있을 것이다. 아무튼 그때 이후로 여러 가지 과학적 지식들을 조금 더 알게 되었지만, 정작 '생명은 어떻게 생겨나서 어디로 가는 것인가' 하는, 보다 근본적인 의문은 풀리지 않았다. 들어서 안 것들은 여전히 모호했고, 직접 들여다본 닭의 뱃속처럼 손에 잡힐 듯 생생하지 못했다.

채 한 돌도 안 된 손자들의 맑고 깊은 눈동자들을 들여다보면서 나직하게, 그리고 심각하게 말을 걸어본 적이 있었다. "너, 어디서 왔니?" 이걸 물어보고 싶어서 견딜 수가 없었다. 아직 말도 못하는 녀석들은 방실방실 웃기만 할 뿐, 아무 대답이 없었다. 나에게는 마치 "그건, 영원히 비밀이에요."라고 말하는 것만 같았다.

"넌 어디에서 왔니?"라고 제 에미가 장난 삼아 무심코 물었더니, 만 세 살이 안 된 경모가 "지구에서 왔어요."라고 똑똑히 대답했다고 한다. 그 녀석이 과연 지구가 뭔지 정확히 알았으리라고는 생각하지 않지만, 누가 들어도 그럴 듯한 대답이었다. 물론 당시 나는 그 녀석이 어느 머나먼 별나라에서 날아왔다고 믿고 있었지만 말이다.

이윽고 만 네 살이 넘은 녀석들은 "이렇게 이쁜 게 어디서 났어?"라고 하면 뭘 아는 것인지 모르는 것인지 대뜸 "하늘에서 뚝 떨어졌어요." 하며 뱅글뱅글 웃기도 하고, 좀더 구체적으로 "엄마 뱃속에서 탁 나왔어요." 해놓고는 멋쩍은 듯 깡총거리기도 했다. 남들에게 조손간의 이런 문답은 진부하게 들릴 테지만, 물어보는 할애비 입장에서는 사뭇 진지하고 절실한 것이다.

소매 깃만 스쳐도 전생의 인연이라고 했는데, 혈연으로서의 만남은 얼마나 많은 억겁의 인연이 겹친 것일까. 아기의 존재는 너무나 소중하고 소중하다. 한 가정의 행복과 불행이 가름되기도 하고, 한 가문의 흥망성쇠가 한 아기에게 달리기도 한다. 너무나 많은 공이 들고, 너무나 오랫동안 사무치는 정을 주고받아야 한다. 마냥 같이 울고 같이 웃어야 한다. 범상한 만남이면 과연 이렇게까지 되랴.

아이들이 나처럼 나이를 먹었을 때 나의 궁금증을 답습하여 해결할 것인지 알 수 없다. 비록 인간의 지혜가 어떤 부분에서는 신의 영역에까지 다가가도록 허락된다 하더라도 이 오묘한 출생과 만남의 비밀만큼은 영영 풀지 못한 숙제로 남을 것이라고 생각한다. '모르는 것이 약이고, 아는 것이 병'이라는 말이 그냥 생긴 속담이 아닐 것이다.

할애비로서 아이에게 어디서 왔는지를 물었던 것은 그 답을 듣고 싶어서가 아니었다. 우리 존재의 필연성을 다짐하고 싶었고, 함부로 알아서는 안 된다고 일러주고 싶기 때문이었다. '나는 나일 뿐이다'라고 교만하지 않기를 바라기 때문이었다. 수많은 조상들이 이루어낸 씨줄과 이 시대의 날줄이 만나, 그 매듭이 비로소 자신을 있게 했다고 아이들이 믿기를 바라기 때문이었다.

너 같은 때가 있었지

유교에서 인간이 지켜야 할 기본 덕목이었던 삼강오륜을 살펴보자. 그야말로 인간이 저절로 자발적으로는 하지 못할 것, 싫어할 것들만을 골라내 인륜이라는 말로 묶어놓았다. 척 봐도 노골적으로 왕, 남자, 어른의 기득권을 지키려는 수단이다. 장유유서長幼有序라는 말만 보아도 젊은이들이 늙은이들을 공경해야 한다는 뜻일 텐데, 동서고금을 통틀어 현상은 늘 거꾸로다. 젊은이들은 젊음에 취해 있으니 늙음 같은 것은 무시하고 부정하고 싶다. 늙은이들은 실상은 약자이자 잊혀져가는 자일 뿐이다.

오래 전 우리 아이들이 어렸을 때, 내 어머니가 무슨 이야기 도중 "나도 너 같은 때가 있었지."라고 말하신 적이 있다. 한 녀석이 "그런데 왜 이렇게 늙어버리셨어요?" 하고 물었다. "글쎄 말이다. 세월이

가서 그렇단다."라고 할머니인 어머니가 대답을 하셨다. "세월이 왜 가요?"라고 아이가 되물었다. 적당히 대답할 말을 찾지 못하신 어머니는 "그러게 말이다."라고 얼버무리셨다. 아이는 아이라서 심오한 질문을 하고도 그것이 심오한 줄 모르고, 늙은이는 심오한 대답 따위는 먹고사는 일이 바빠서 잊고 산다.

아이들에게는 '아까 전'은 있어도 포괄적이고 총체적인 '과거'는 없다. 그와는 달리 노인들은 '과거'를 기억의 우물 속에서 건져올리면서 산다. 늙은 사람에게는 오히려 가까운 과거보다는 먼 과거가 더욱 생생하다. 나에게도 기억은 갈수록 좁아지는 깔때기와 같다. 고작 1~2년 전의 일은 희미하고 가물가물한데, 어렸을 때의 어떤 순간들은 바로 어제의 일처럼 손에 잡힐 듯 느껴지곤 한다. 심지어 어렸을 때 어른들로부터 전해들었던 이야기들조차 바로 나 자신의 기억인 것처럼 여겨질 때가 있다.

여기 세월의 갈피에 묻혀 있던 오래된 편지 하나를 옮겨본다.

    사돈 보십시오.

    지난번에 만났는데도 여전히 몹시 그립습니다. 항시 아침저녁으로 어른을 모시는 몸으로 계속하여 건강을 잘 보전하시고 계실 줄 사료되오며, 저도 사돈 덕분에 잘 지내고 있습니다.

    오늘은 급히 전할 기쁜 소식이 있어 인편에 서신을 보냅니다. 지난 이월 열사흘 밤에 사돈의 며느리이자 저의 딸이 남아를 출산하였습니다. 순산하였고 아기도 무탈합니다. 이는 사돈께서는 장손을 보셨으니 집안이 번성할 경사이옵고, 저에게도 처음으로 외손을 갖게 된 것이니 마음 가득한 기쁨을 형용할 수가 없습니다. 삼칠일이 지나서 따뜻하고 한가한 길일을 택해 모자를 보내드리겠습니다. 다만 젖먹이 시절에는 조심해야 할 것이 많기에 보유신편保幼新編*을 구해서 참고하고 있는데 함께 보내드리겠으니 사돈께서도 항상 곁에 두고 미리 대비책을 강구하시면 유아에게 도움이 될 듯합니다. 사돈께서는 이미 한의학에 밝으시니 저의 소견을 전할 따름입니다.

그럼 이만 줄입니다. 내내 평안하소서.

계미년 2월 ○일 단성에서 권○○ 올림

이 편지글은 나의 외할아버지가 내가 태어난 소식을 친할아버지에게 알리는 글로 외할아버지의 유고집遺稿集에서 옮긴 것이다. 원문은 한문으로 되어 있던 것을 번역했다. 외할아버지께서도 찬찬하고 신중하신 어른이셨고, 친할아버지도 책을 많이 읽고 몸가짐이 바른 꼿꼿한 선비셨다. 내 부모의 혼사를 결정하신 건 두 분의 뜻이 잘 맞으셨던 덕분일 것이다. 나의 어머니도 출산을 앞두고 친정으로 가서 나를 낳으셨다. 내가 첫 아이라 시댁보다는 여러 모로 편했을 터이다. 외할아버지의 말씀대로 삼칠일이 지나고 얼마 후 어린 나는 어머니의 품

• 1905년 노광리가 쓴 유아용 의서.

에 안겨 장작 트럭의 조수석을 얻어타고 친가로 돌아갔다. 어머니의 젖이 모자라서 나는 그저 야위고 눈망울만 컸다고 한다.

일제가 일으킨 대동아 전쟁의 막바지였다. 세상이 징집, 징용으로 어수선했다. 먹을 것이 귀해서 갓난쟁이에게 젖이 부족하면 밥 끓인 물을 숟가락으로 떠먹이는 정도였다. 살고 죽는 것을 오로지 명命으로 생각했고, 영아들은 굶주림이나 질병으로 속절없이 죽어나갔다. 다른 곳에 살고 계시던 증조할아버지께서 장증손을 보시겠다고 50리 길을 몸소 걸어오셨다고 했다. 그때 증조할아버지께서는 몸이 야윈 나를 한참 들여다보시다가 "이 놈 살기는 살겠다. 눈을 보니 살 놈이다." 하셨단다. 증조할아버지의 예언 덕분인지 나는 이렇게 늙은이가 될 때까지 살고 있다.

어린 손자들이야 믿지 않겠지만, 나에게도 그런 시절이 있었다. 비록 내가 기억할 수는 없어도 그건 사실이었다. 문득 시험 삼아 "할아버지도 아기였었다니까……." 하고 운을 떼었더니 이 녀석들은 믿을 수 없다는 듯 크게 놀란 눈이 되었다. 도헌이는 "저도 나중에 형아가 되고, 아저씨가 되고, 아빠가 되고, 할아버지가 되나요?" 하고 묻는다. 그렇다고 했다. 말뜻이야 알겠지만 와닿지는 않는 기색이다. 경모는 잠시 골똘하다가 "세상은 왜 돌고 돌아요?"라고 묻는다. 세상은 원래 그런 것이라고 했다. 달리 말해줄 수도 없지만, 애써 설명할 필요도 없다. '원래 그런 세상'이 돌고 돌면 녀석들도 자연히 알게 될 테니까.

할아버지의 할아버지

할아버지에게도 할아버지가 있었다. 나는 아이들이 잠든 밤에 혼자 옛날얘기처럼 나의 할아버지를 떠올려본다.

옛날에, 아주 옛날에, 이 할아버지에게도 할아버지가 계셨다. 나는 어리고 할아버지는 이미 늙으셨다. 그렇지만 할아버지와 나는 어느 누구보다도 함께 많은 이야기를 주고받았다. 밭에서 김을 매면서, 논에서 나락을 베면서, 밭두렁 논두렁에서 쉬면서, 우린 서로 친구처럼 이야기를 주고받았다. 여름이면 밀거적을 마당에 깔고 모깃불 연기를 쏘여가며, 겨울이면 화롯가에서 언 손을 녹여가며 이야기를 나누었다. 나에게 할아버지는 아버지이자 할아버지셨고, 할아버지에게도 나는 아들이자 손자였다. 그러니 집안에서 할아버지는 내 유일한 조언자셨고, 할아버지에게도 내가 어느 누구도 대신할 수 없는 말벗이었다.

내 할아버지의 이야기들은 사실 그닥 재미가 없었다. 옛날 옛적 한 문책에 나오는 훌륭한 사람들의 얘기가 대부분이었고, 보통은 나더러 이것 해라 저것 하지 마라 하는 식이셨으니까.

소년은 빨리 늙고 공부하기 어렵다. 있을 때 아껴라. 어릴 때 고생은 사서라도 한다. 쓴 물건은 바로 제자리에 두어라. 위험한 연장은 안전한 곳에 두어라. 너보다 나은 사람을 사귀어라. 사람이 먼저 자동차를 피해라. 천한 사람에게도 말을 공손히 해라. 남이 주지 않는 물건에 욕심내지 마라. 음식은 오래 씹어서 천천히 먹어라. 머리는 차게 하고 발은 따뜻하게 해라. 머리맡에 물건 두지 마라. 불단속은 하고 또 해라. 급히 먹지 말고 먼저 물 한 모금을 마셔라. 분수에 넘치는 욕심 부리지 마라. 인사해서 욕먹는 일 없다. 낫이나 칼 가지고 장난치지 마라. 높은 나무에 오르지 말고, 깊은 물에 들어가지 마라. 내 것 자랑하지 마라. 집안에 들어온 산 것 죽이지 마라. 남의 말 함부로 옮기지 마라. 자주 먼 산을 보면 눈의 피로가 풀린다.

할아버지는 이런 얘기들을 내 귀에 딱지가 앉도록 반복해서 들려주셨다. 덕분에 나는 할아버지가 하신 말씀들을 지금도 외우고 있다.

할아버지는 내가 잘못한 일이 있으면 회초리를 꺾어오라 하셨다. 그러나 내가 대나무 가지를 꺾어다 드리면 그 회초리로 땅바닥만 때리실 뿐 내 종아리는 한 번도 못 때리셨다. 그래서 나는 마음이 더 아파 울곤 했었다. 내가 국민학교에 입학할 때에는 할아버지가 손수 이름표를 만들어서 가슴에 달아주셨는데, 큰 종이에 붓글씨로 쓰신 한자 이름이었다. 그 시절에도 그런 이상한 이름표를 단 아이는 나 혼자뿐이었다. 얼마나 멋쩍고 창피했는지 모른다. 선생님도 아이들도 모두 내 이름표를 보고 웃었다. 그래도 나는 할아버지가 만들어주신 이름표를 떼지 않았다. 할아버지는 나만 보면 자주 눈물을 보이셨다. 내가 학교에서 상을 타오면 대견해서 우시고, 고등학교에 진학했을 때에는 애비 없는 녀석 돈 없이 객지에서 고생하며 공부한다고 불쌍해서 우시고, 객지에 있던 내가 집으로 가면 반가워서 목이 메시고, 집을 떠날 때는 또 볼까 기약을 못하니 섭섭해서 우셨다. 할아버지는 노년에 자주 편찮으셨는데, 나만 만나면 멀쩡해지셨다. 그래서 동네 사람들은 노인네가 손자 보고 싶어 나신 병이라고들 했다.

할아버지가 생전에 나로 인해 자주 흘리신 눈물 때문인지 나는 지금도 할아버지 산소 앞에만 서면 눈물이 솟구친다. 40년이 다 되어가는데도 여전히 그렇다. 세상을 떠나신 할아버지는 흔히 말하듯 다른 데로 '돌아가신' 것이 아니다. 할아버지는 내 마음 속에 들어와 계시다. 나는 할아버지와 내내 함께 살아가고 있는 셈이다. 자식들에게도 우리 집안 얘기를 할 때 할아버지 얘기를 제일 많이 해주었다. 자식들에게 해준 나의 고조부며 증조부에 관한 생생한 에피소드들도 실은 할아버지로부터 들은 얘기였다.

아버지와 작은아버지 형제를 전쟁통에 잃으신 이후 할아버지의 비원은 손자 3형제 중 오로지 나에게 집중되었다. 나는 할아버지에게

큰딸을 낳아 보여드렸지만, 다음 아이들은 보여드리지 못했다. 내가 그 이후 그런대로 자리잡아 사는 모습, 증손자들이 이만큼 잘 살아가고 있는 모습을 보셨으면 누구보다 기뻐하셨을 어른이다. 지금도 집안에 좋은 일이 있을 때 '할아버지가 좋아하시겠구나' 생각하면 배나 더 기쁜 마음이 든다.

내 손자들에게 나는 어떤 할아버지로 기억될까. 몸 고생은 했지만 갓난쟁이일 때 잠시 키워줬던 기억은 다 잊혀질 것이다. 같은 집에서 계속 살면서 조석으로 얼굴을 마주하는 것이 아니니 할아버지와 내 관계처럼 오랫동안 끈끈하고 애틋하지는 못할 것이다. 내가 나의 할아버지처럼 아이들이 장성할 때까지 살아서 아이들의 어린시절 희미한 추억의 한 귀퉁이라도 차지할 수 있을지도 기약할 수가 없다. 나의 할아버지처럼 잔소리마저 그리운 사람이 되는 건 엄청난 행운이다. 그러나 잘 기억나지 않는다고 해도 어쩔 수 없다. 세상 모든 일과 모든 사람은 잊혀지면 잊혀지는 대로 기억나면 기억나는 대로 그렇게 흘러가게 마련이다.

할아버지로 불리면서 나는 더욱 자주 나의 할아버지를 그리워했다. 할아버지에게 이야기 듣던 그 어린시절에야 내가 설마 늙어서 할아버지가 될까 했었는데, 어느덧 나도 에누리 없이 할아버지가 되고 말았다. 이것저것 걱정이 늘어나고, 아직 어린 손자들에게 해주고 싶은 얘기만 잔뜩 많아졌다.

사람은 다 죽어요?

"사람은 다 죽어요?"

오랜만에 우리집에 온 경모가 느닷없이 내게 물었다.

"왜? 그게 궁금해?"

"엄마가 그러시는데 사람은 다 죽는대요."

"그래서?"

"모두 돌아간대요."

"어디로?"

"몸은 땅으로 돌아가고 마음은 하늘로 돌아간대요."

"음… 엄마가 그랬으면 그게 맞겠지 뭐."

"그런데 저는 죽기 싫어요."

"그래?"

"저는 계속 살 거예요."

"음… 그래라. 그럴 수 있다면. 할아버지도 네가 그랬으면 좋겠다."

이때 경모는 고작 세 돌을 넘겼을 뿐인데도 죽고 사는 문제에 관심이 많았다. 아빠의 아빠인 할아버지가 돌아가신 이유도 궁금하고, 여자아이들이 좋아하는 공주들이 과연 어떻게 죽었는지도 캐물었다. 벌써부터 이런 문제에 골똘해서 좋을 것이 없다는 생각이 들지만, 아이들과 얘기를 나누다보면 의외로 '죽음'이라는 문제를 피해나가기가 어렵다는 것을 알게 된다.

아이들을 위한 동화는 대부분 주인공이 '영원히 행복하게 살았다'거나 '하늘나라로 가서 별이 되었다'는 식으로 끝나서 설명하기 편할 듯하지만, 실제로 동화책을 읽어주다 보면 중간에 괴물이나 마녀나 맹수가 죽거나 또는 주인공조차 죽을 뻔하는 대목이 자주 나온다. 게다가 세상의 그 많은 재난과 범죄와 사고에 대한 매일의 TV 뉴스에는 거의 대부분 누군가의 죽음이 곁들여진다. 그뿐인가. 집안에서는 제사와 차례를 지내야 하고 성묘도 간다. 아마 경모 에미도 어쩔 수 없는 상황에서 설명을 해야 했을 것이다. 내가 상상하던 방식보다는 훨씬 직설적이고 단순하지만.

나도 예닐곱 살 때쯤인가 죽음이라는 것에 대해 많이 생각했던 적이 있다. 그 생각은 당연히 두렵고 아득했다. 특히 할머니의 죽음을 지켜본 이후 죽음에 대한 절망적인 느낌은 더욱 강해졌다. 어린 생각에 앞으로 남은 날들을 헤아려보기도 하고, 세월이 빨리빨리 지나가는 것을 고민하기도 했다. 아무도 모르는 중대한 고민을 가슴에 안고 때때로 두려움의 깊은 수렁에 홀로 빠져 허우적거리기도 했었다.

그것만 해도 너무 일찍 떠안은 근심이었지만, 한번 마음에 자리잡은 생각을 살아오는 동안 줄곧 놓을 수가 없었다. 그리고 불행히도 그 근심을 누구와도 나누지 못했다. 친구들도 동생들도 죽음 같은 것에는 무심한 듯 보였고, 집안의 어른들과 공통의 화제로 삼기에는 적절치 않은 것 같았다. 결국 나는 아무에게도 내 두려움과 절망을 토로하지 못한 채 유년기를 보냈고, 청장년기에는 책에서 해답을 찾으려는 길고 힘든 여정을 거쳤다.

그래서 나는 이런 종류의 질문을 하고 생각에 빠지는 아이들이 무척 조심스럽다. 대체로 총명한 아이들이 그런 것 같다. 우리 자식들이 어렸을 때도 비슷한 질문을 접했지만, 그때는 당시 내가 가지고 있던 윤회관과 비슷한 생각을 말해주었던 것 외에는 구체적으로 어떻게 대응했었는지 기억이 잘 나지 않는다. 나도 풀지 못한 스스로의 문제에 사로잡혀 있었기 때문인지도 모른다. 자식들 중 누구도 아직까지 특정 종교를 가지지 않은 채 살아가고 있으니, 경모가 제 어미에게서 들었다고 전하는 서두의 이야기는 어떤 종교적 설명에 의탁한 것은 아닌 듯싶다.

아무튼 어떤 이들은 노년에 접어들어 죽음에 이를 때까지도 죽음에 대해 그다지 심각하게 생각하지 않는다는데, 또 어떤 이들은 죽음과는 먼 너무 이른 나이부터 해결되지 않을 걱정을 시작한다. 다 타고나기 나름인가. 하지만 손자들도 나의 고통스러운 경로를 밟는다고 생각하면 달갑지가 않다.

때로는 아이들에게 내가 느꼈던 혼란이 아닌, 지극히 종교적이고 단순명료한 사생관을 일러주는 게 낫겠다는 생각도 한다. 천국과 지옥, 세상 마지막 날의 부활을 얘기할 수도 있을 테고 소위 윤회와 해탈이라는 것을 얘기할 수도 있을 터이다. 하지만 나도 모르는 일을 내가 어떻게 가르치며 내가 진심으로 믿지 않는 바를 꾸며내어 말한들 그게 받아들여질까 하는 의구심이 계속 남는다.

게다가 죽음을 편의적으로 설명했다고 해서 이 세상의 모든 상실과 이별에 대한 해법이 마련되는 것도 아니니, 여전히 아이들의 근심을 덜어줄 방법은 묘연하다. 해소되지 않을 근심을 해소하려고 들기보다는 그대로 두자 하는 생각도 들지만, 그러한 근심이 좀먹을 어린 마음을 생각하면 마음이 내내 편치가 않다.

내가 겪어왔던 그 오랜 세월의 근심에도 불구하고 나는 아직 이 어린 것의 심각한 질문에 자신 있는 답을 준비해두지 못했다. 할아버지로서 "너는 죽지 않을 거야."라고 말해줄 수만 있다면 얼마나 좋을까. 하지만 이런 건 정말 인간으로서 품을 수 있는 가장 인간답지 못한 소망이다.

순리대로라면 우리 아이들은 할아버지나 할머니와의 이별을 가장 먼저 겪게 될 것이다. 그때 그 이별이 너무 아프거나 절망스럽지 않도록 미리 대비하고 단련할 기회가 있기를 바란다.

또한 비록 눈에는 보이지 않지만 기억하고 있다면 사라진 게 아니라고 위로할 수 있어야겠다. 할아버지가 오래도록 내 마음속에 살아계시듯이 사랑하는 사람들의 마음속에서는 세상을 떠난 사람도 계속 살아갈 수 있다고 말해주어야겠다. 이런 설명을 고민하는 것조차 운 좋게 세상에서 만났으되 손자들과 같이 살아갈 날이 많지는 않은 조부모들에게 주어진 일종의 의무라고 생각해본다.

아기는 근심

아내는 일종의 신기神氣가 있는지 예지몽을 잘 꾼다. 아내의 꿈은 아주 구체적인 예언이라기보다는 대략 마음에 두고 있는 사안에 대해서 길하고 흉한 것, 둘로 가늠하는 정도다. 아내가 길몽으로 치는 것은 검은 것과 맑은 물로 깨끗이 씻는 것 등이고, 흉몽으로 치는 것은 허옇고 희끄무레한 것과 물이 마른 것 등이다. 역설적이게도 아기를 그렇게나 좋아하는 아내이지만 꿈에 아기를 보거나 안고 다녔다면 흉몽으로 친다. 이 부분은 비단 아내뿐만 아니라 일반적인 해몽과도 일치한다.

나도 어렸을 때 그런 이야기를 듣고는 아기는 귀엽고 예쁜 존재인데, 어찌해서 꿈에 나오면 불길한 것이 될까 의아했던 기억이 있다. 단지 꿈은 반대라서 그런가. 그러나 세월이 지나 곰곰이 따지면 따질

수록 무릎을 치게 하는 해몽이다. 아기가 어찌 어른에게 기쁘고 좋기만 한 존재이랴. 아기는 존재 자체로서 근심덩어리, 고생덩어리인 것이다.

이 나이가 되어서야 깨달은 바, 아기는 사랑으로 키우는 것이 아니라 근심으로 키운다. 사랑이라는 단어는 그 자락이 매우 넓다. 아기를 키우는 일이 사랑을 바탕으로 하는 것은 맞지만, 거기에는 고통과 희생이라는 요소가 반드시 포함되어 있다. 아름다운 꽃을 보며 그 꽃을 즐기고 사랑하는 일의 예사로움과 그 꽃을 피워내는 사람의 고생스러움은 분명히 다른 차원이다. 그리하여 아기를 돌보는 일은 사랑이라는 개념만으로는 설명하기 힘든 온갖 걱정들, 다칠까 아플까 배고플까 추울까 더울까 하는 염려들로 가득 채워진다. 끊임없는 근심 없이는 아기를 제대로 돌볼 수가 없다.

아기는 생래적으로 다른 사람들의 근심과 측은지심을 이끌어낸다. 생김새부터가 어른들의 보호본능을 자극하는 것이다. 따라서 남의 아기도 귀엽고 사랑스럽기는 매한가지다. 그러나 사람들은 남의 아기에 대해서는 근심하지 않는다. 돌보아줄 다른 사람이 있는 아기는 근심의 대상이 아니다. 온전히 자기 책임 하에 놓인 순간부터 아기가 근심이 되는 것이었다.

흔히들 '무자식이 상팔자'이며 '품안의 자식'일 뿐이라고 말한다. 한편으로는 '머리 검은 짐승은 거두지 말 것'이며 '아이 기른 공은 없다'는 무시무시한 말들도 있다. 내 핏줄이든 남의 핏줄이든 양육에

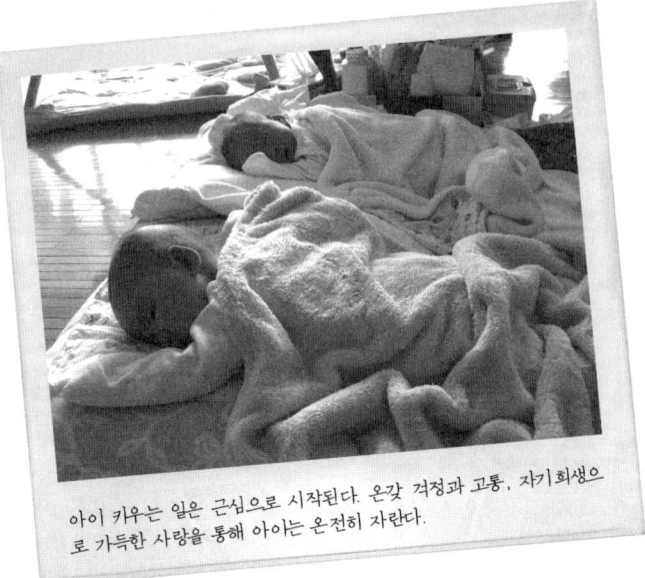

아이 키우는 일은 근심으로 시작된다. 온갖 걱정과 고통, 자기희생으로 가득한 사랑을 통해 아이는 온전히 자란다.

대한 허무와 원망이 이러한 세간의 말들 속에 담겨 있다.

생각건대 사랑이라는 자기도취적 감정으로만 아이를 키우면 그만큼의 사랑이 보답으로 오지 않을 때 배신감을 느끼게 마련이다. 그제까지 사랑으로 알고 길렀던 마음은 속은 것이 된다. 그러나 아이를 돌보고 키우는 것의 근본이 오히려 근심임을 이해한다면, 아이의 성장과 그에 따른 대응이 더 수월하지 않을까 생각한다. 아이가 자라나는 것은 그 수많았던 근심들을 조금씩 덜어내는 과정이니 반갑지 않은가.

이러한 경우의 근심은 사랑과 대립되는 개념이 아니다. 오히려 조건 없고 욕심 없는 사랑을 떠받치는 본질이다. 행여 근심, 걱정이라는 단어가 너무 일방적이고 삭막하게 여겨진다면, 자비慈悲라는 단어를 생각해보자. 연민하여 사랑하되 무한히 불쌍히 여기는 것. 어린 것에 대한 사랑의 본질을 표현하는 단어로 손색이 없다.

나는 핏덩이 같던 어린 손자들이 나날이 뽀얗게 살이 오르고 눈에 총기가 돌고 하나 둘 이가 나고 팔다리에 힘이 붙고 하는 과정을 지켜보면서 그 자체로서 충족감을 느꼈다. 내 미약한 수고에 대한 보상은 다 되었다 하는 기분에 사로잡혔다. 세상을 알아가기 시작한 아이들이 나를 무한한 신뢰와 기대의 표정으로 바라볼 때, 그것으로 나는 그 아이들에게 평생의 빚을 진 듯한 느낌마저 들었다.

아이와의 관계에서 흔히 주는 쪽은 양육자라는 착각을 하는데, 사실 아이도 끊임없이 믿음과 사랑이라는 보상을 준다. 아이를 키우는 사람들이 경계해야 할 바는 그렇듯 순수하게 걱정하고 믿고 마음을 주고받는 관계에 비례해 쌓여나가는 자신의 욕심이다. 그러므로 사랑에 섞인 욕심만 경계한다면 아이에 대한 사랑이 배반당할까 두려워할 필요는 없다.

아이에 대한 사랑이란 순수한 근심에서 이어지는 고통이고, 그 고통을 넘어서는 자기희생이고, 그 과정을 자비롭게 소화해내는 지혜라는 사실을 세상의 더 많은 어른들이 깨달을 수 있으면 좋겠다.

어디에나 모성은 있다

　어느 날 걸음마를 익혀 한사코 걷기를 고집하는 도헌이를 붙잡고 골목 세 개쯤을 지나서 걷고 있었다. 예상대로 녀석은 다리가 아파졌는지 내 쪽으로 달려들어 두 팔을 벌리고서 안아달라는 시늉을 했다. 잠시 안고 오다가 팔이 아파져서 아이를 들쳐업었다. 그때 갑자기 빗방울이 후두둑 떨어지기 시작했다. 등에 업은 아이와 함께 어쩔 도리없이 내리는 비를 맞으며 길을 걸었다.
　때마침 우리와 반대쪽으로 길을 가던 한 중년 여인이 우리를 발견하고 되돌아와서는 우산을 씌워주었다. 나는 괜찮다며 가던 길을 가시라고 사양했다. 하지만 그 여인은 자기는 비를 흠뻑 맞으면서도 한사코 우리와 동행할 것을 고집했다. 그렇게 200여 미터를 걸었다. 비로소 우리의 목적지인 아파트 현관에 다다르자, 그녀는 우리 조손에게 인자한 미소와 함께 목례를 하고는 총총히 온 길을 되돌아갔다. 내 평생 우산 없이 길에서 갑자기 쏟아지는 비를 맞아본 것이 부지기수였으나, 이렇게 과한 친절을 경험한 적이 없었다.

햇볕이 따가운 어느 날 나는 잠투정하는 경모를 유모차에 태워 산책을 나섰다. 나무 그늘에 앉아서 쉬고 있던 동네 할머니 한 분이 우리 유모차까지 달려와서는 "아유, 애기 타겠다." 하면서 채 덜 펴진 유모차의 덮개를 내려주고 갔다. 정신없이 나와서 녀석 잠드는 것만 신경 쓰느라 미처 살피지 못한 부분이었다. 앉은자리에서 말로만 전해주어도 될 것을 더운 날씨에 굳이 유모차까지 달려와준 할머니의 살가움도 놀라웠다.

매주 화요일과 금요일, 우리 동네 모퉁이의 같은 자리에서 뻥튀기를 만들어 파는 이가 있다. 가끔 그이에게서 아이들이 좋아하는 강냉이나 뻥튀기를 사기도 했다. 그날따라 과자 살 일은 없고 하여 그냥 지나치려는데, 간이의자에 하릴없이 멍하게 앉아 있던 그가 문득 경모를 보고는 다가와서 둥그런 뻥튀기를 양손에 한 개씩 쥐어주었다. 아이는 뜻밖의 선물에 눈이 휘둥그레져서는 내 쪽을 돌아다보았다. 나는 "아저씨한테 고맙습니다, 인사드려야지." 하고 웃으면서 허락했다. 경모는 "고마쭙니다."라고 고개를 숙였다. 뻥튀기 아저씨의 그을은 얼굴에도 멋쩍은 웃음이 번졌다. 그때 그는 잇속을 따지는 장사꾼이 아니었다. 그저 아이가 귀여워 까까 하나라도 쥐어주고 싶은 동네 아저씨였다.

도헌이와 경모를 데리고나갈 때면 온갖 종류의 탄성이 우리를 맞이하곤 했다. "어머, 애기 좀 봐. 너무 귀엽네." 하고 걸음을 멈추며 들여다보는 소녀들. 가던 길을 미처 못 가고 몇 번이나 뒤돌아보는 처녀들. 마구 뛰어가다가도 "아기 몇 살이에요?" 하고 묻는 소년들. 희미하나 부드러운 미소를 띤 채 아기를 바라보는 아저씨들과 할아버지들. 아이들에게는 모든 종류의 사람들에게서 순간적으로 다정한 반응을 이끌어내는 마력이 있는 모양이었다. 엄마가 아닌 이들에게서도 엄마의 마음과 닮은 조각들이 발견된다는 것은 놀라운 경험이었다. 그 마음 조각들이 모여 아이들을 보호해주고 있는 듯하여 세상이 한결 푸근하게 느껴지는 것이었다.

내 연배의 많은 사람들처럼 나도 꽤나 궁핍하고 각박한 세월을 건너왔다. 그리고 이제까지 살면서 불특정 다수의 상냥함보다는 무관심과 불친절과 무례를 경험한 적이 더 많았다. 그 숱한 세월, 복잡한 통근길의 버스나 지하철 안에서 사람들은 아귀처럼 서로를 밀치고 가로채기 일쑤였다. 사람들은 부딪칠 일이 있으면 서로 미안하다는 말 대신 악다구니를 쓰고 욕설부터 내뱉었다. 낯선 사람이 길에서 말을 걸어온다면 그것은 필경 거렁뱅이거나 사기꾼 중 하나이기 십상이었다.
나처럼 다른 사람들도, 감정을 전혀 담지 않은 텅 빈 표정으로 서로를 바라보았다. 그래서 나는 다른 이들보다 허공을 응시하는 적이 더 많았고, 길에서 만나는 어느 누구에게도 눈길도 웃음도 주지 않았다.

그러나 아이들을 데리고 나가니 세상 사람들이 모두 우리를 향해 웃어주고 기꺼이 손을 내민다. 나는 비로소 세상이 모성과 자비로 가득차 있었음을 깨닫는다. 늙은 남자인 내 안의 모성이 남녀노소 그들 안에 원래 깃들어 있던 모성과 조응하는 방식이 그러한 모양이었다.

바라건대 우리 아이들이 좀더 자랐을 때도 세상이 계속 이렇게 부드러운 얼굴로 웃어주면 좋겠다. 세상의 힐난과 냉소보다는 호의와 유머를 많이 느낄 수 있으면 좋겠다. 낯선 사람하고는 일체 눈길도 말도 섞지 말라고 주의를 주기보다는 사람이란 다 본바탕은 착하고 자비로우니 일단 믿어보라고 말할 수 있으면 좋겠다. 그래서 녀석들이 어른이 되었을 때에도 세상은 꽤 괜찮은 곳이라 생각하고 살아가면 좋겠다.

사위들의 육아법

 우리 사위들은 아이들 때문에 그동안 우리집을 자주 드나들 수밖에 없었다. 우리는 편하게 대한다고 해도, 사위들은 아이들을 맡겨둔 처지라 그런지 미안해하고 조심스러워 하는 태도가 역력했다. 우리 앞에서는 마음껏 제 자식을 귀여워하지도 못하고 매사를 절제하는 것 같았다. 번거로움을 끼칠까봐 식사를 미리 하고 오면서도 매번 먹을 것을 사들고 왔다. 그런 모습을 보면서 요즘 젊은 사람들치고는 보기 드물게 신중하고 속이 찼다는 생각을 했다.
 두 사위는 도헌이와 경모처럼 태어난 해는 다르지만 몇 개월 차이밖에 안 나고 띠도 개띠로 같다. 하지만 모습과 성향은 당연히 서로 다르고, 아이들을 키우는 방식도 매우 달랐다. 당초 우리가 사위들의 육아 방향에 대해 지나친 간섭을 할 생각은 없었지만, 아이들의 기질과 사위들의 성향을 조율하기 위해서 살짝 끼어들 필요는 있었다.

큰사위는 예의가 바르고 다른 사람들의 입장과 처지를 잘 헤아린다. 가족들뿐만 아니라, 바깥에서 만나는 모든 사람에게 지위고하를 막론하고 이러한 훌륭한 성품이 발휘된다. 덕분에 상점이든 식당이든 어딜 가나 사람들이 기억하고 반긴다. 일에는 꼼꼼하고 계획적이며 정돈을 잘 한다. 누구에게나 믿음을 주는 모범생인 데다 옳고 그름에 대한 태도가 분명하다.

이 사람은 사내아이란 예의바르고 강한 사람으로 엄격하게 키워야 한다는 생각을 기본으로 가지고 있다. 독자인 덕에 당시 6개월 방위로도 때울 수 있는 군대를 굳이 자원해서 ROTC를 거치고 특전사 장교까지 자기 고집으로 해낸 사람이다.

그러니 큰사위는 아이가 첫 돌이 지나자 밖에서 조금이라도 소란을 피우거나 응석 부리는 것은 용납하지 않았다. 엄격하게 다루다 못해 너무 심한 체벌을 하는 것이 아닌가 걱정스러울 정도였다. 언젠가는 음식점에서 떼를 썼다고 데리고나와 엉덩이를 한 대 가볍게 때린다는 것이 잘못되어 겨우 두 돌 지난 어린 것의 등허리에 시퍼런 멍을 남기기도 했다. 목욕을 시키다가 아이의 멍자국을 발견한 아내는 사위에게 "어린 것이 어디 때릴 데가 있다고……."하며 눈물 섞인 원망을 해대기도 했다. 그후로 한동안은 괜찮았다.

헌데 경모가 세 돌이 지날 때까지도 사위의 훈육상 엄격함이 좀 지나치다는 생각이 들어서 결국 나도 나섰다. 나는 사위를 붙잡고 부자

관계에서 어린시절의 폭력이 얼마나 파국적인 결과를 가져올 수 있는가를 내 경험까지 들어가며 간곡하게 설명했다. 설득은 아내와 나로만 그치지 않았다. 큰딸은 육아전문가의 입을 빌려 제 남편에게 체벌의 문제점을 거듭해서 기회 있을 때마다 설명했다고 한다. 딸을 통해 사돈어른께도 도움을 청했다. 다행히 사돈께서도 우리와 생각이 같으셨던 모양이었다. 기회가 있을 때마다 아들을 설득하셨고, 결국 큰사위는 아이에 대해서 규율을 포기하지 않되 친밀함을 더욱 키우는 쪽으로, 체벌보다는 설명과 설득을 우선하는 쪽으로 선회했다.

우리가 보기에 경모는 강압적인 통제보다는 논리적인 설명이 더 잘 통하는 아이다. 감수성이 예민하고 지력이 뛰어난 아이에게 스스로 이해할 수 없는 정신적, 육체적 폭력이 반복적으로 가해진다면 아이는 어느 시점부터는 외부에 대한 해결할 수 없는 분노를 쌓아갈 것이 자명했다. 이런 아이는 충분한 주의를 가지고 섬세하게 다루어야 했다. 그리고 그러한 우리의 이해에 대해 사위의 공감을 얻고 싶었다. 다행스럽게도 경모 부자는 잠시의 위기를 잘 넘긴 것 같다. 경모는 그 누구보다도 밝고 환한 아이로 자라고 있다. 어린이집 선생님도 "경모는 인기가 좋아요. 다른 아이들이 모두 경모 얘기를 신뢰해요. 그리고 신기한 게 항상 신나고 기분이 좋아요. 왜 그런지 물어보면 별 일도 없는데 그러네요."라고 말해주었단다.

작은사위는 아들 5형제의 넷째답게 적당히 사람들 사이에 잘 섞일

줄 알고 생각도 유연한 편이다. 자기 자신과 일에 대해서는 정확하고 엄격하지만 다른 사람들에게는 관대하다. 술을 마시지 않으면 속내를 잘 드러내지 않고 과묵하다. 집안에서도 털털해서 정리가 덜 되어 있어도 그만이고 제 식구를 불편하게 하지도 않는다. 작은딸과는 비슷한 점이 많다고 생각한다. 작은딸도 말이 별로 없지만 제 할 일은 똑 부러지게 해낸다. 이 부부는 둘 다 겁 없이 뚝딱 해내는 결단력과 조바심 없는 낙천성이 닮았다. 큰딸 부부와는 달리 둘째 부부는 아이에 대해서도 자잘한 걱정이 덜하다.

덕분에 둘째네는 아이를 너무 편하게 놓아두어서 걱정이었다. 작은사위는 도헌이가 떼를 쓰고 어른 말을 듣지 않아도 "너 자꾸 그러면 집에 가서 맴매한다."고 엄포만 놓았다. 작은딸 얘기를 들어보면 실제로 집에 가서도 맴매는 하지 않는다고 했다. 사정이 이러하니 참다못해 아내까지 나서서 타박을 하기도 했다. "이따 맴매한다고 말로만 하지 말고 차라리 지금 호되게 혼을 내게." 나도 거들었다. "애들은 두었다 하면 잊어버리니 바로바로 혼내는 게 낫네." 그래도 작은사위는 마냥 허허, 하는 것이었다. 작은사위가 늘 하는 말이 "너무 신경쓰지 마셔요. 아이는 그냥 놔둬도 잘 자랍니다." 하는 것이었는데, 사돈 어른들을 만나보면 그 말이 어떤 뜻인지 다가오곤 했었다. 그 어른들께서도 바로 그렇게 욕심 없이 마음을 비우고 자식들을 키우신 것이다. 마음을 졸이나 안 졸이나 다잡으나 안 잡으나 잘될 자식은 다 알아서 잘된다는 것을 스스로 증명하는 인물이 바로 작은사위이기도 하다.

그러나 우리가 보기에 도헌이는 마냥 하는 대로 놓아기르기보다는 규칙을 가르치고 적절한 통제를 해나가는 것이 훨씬 이로울 아이이다. 이 녀석은 몸놀림과 머리 회전이 빠르다. 적절히 제어를 하지 않는다면 다칠까 걱정된다. 작은딸은 도헌이의 버릇을 고친다며 종아리를 몇 차례 때린 모양이었는데, 경험상 체벌은 확고한 원칙을 가지고 정말로 요령 있게 하지 않으면 아이의 내성만 키울 염려가 있었다. 무엇보다 작은사위는 도헌이가 어릴 때에는 해외 체류를 하는 기간이 꽤 되었고, 작년에 이사로 승진하고 나서는 더욱 바빠져서 아이와 보내는 절대 시간이 부족하다.

우리는 도헌이의 경우는 조금 더 지켜보기로 했다. 요령이 필요한 만큼 섣부른 조언은 오히려 독이 된다고 생각하기 때문이다. 어린이집에서 도헌이는 전형적인 개구쟁이 말썽꾸러기라고 한다. 이건 발달이 늦거나 문제가 있어서가 아니라 어떤 측면으로는 너무 빨라서 종종 생기는 부작용이라고 생각한다. 사위가 어렵더라도 좀더 시간을 내서 아이와 놀아주고 넘치는 에너지를 발산할 기회를 만들어주기를 바랄 뿐이다.

솔직히 우리 부부도 네 아이를 엄격한 체벌을 가해가며 키웠다. 매를 대는 것만으로 그치지 않았다. 추운 겨울날 맨발에 잠옷바람으로 내쫓기도 하고, 몇 시간이고 대문 밖에다 벌을 세우기도 했었다. 때로는 홧김에 모진 말들을 해댔다. 자식들 키울 때를 회상하면서 "참, 그 땐 무식했었지."라고 종종 아내와 한탄하듯이 말한다. 내가 생각해도 엄마 혼자 아이들을 감당하기 역부족이었던 그때 질서를 잡기 위해선 벌을 세우고 야단치며 회초리로 위협할 수밖에 없었을 것이다.

그래도 우리 아이들은 반듯하게 잘 자라주었으니 과연 훈육으로서의 폭력은 불가피했으며 훌륭한 육아법이었다고 주장할 수 있을까. 아내와 나는 가끔 그때의 체벌이 어떤 식으로든 아이들에게 마음의 상처를 남긴 것은 아닐까 생각하며 미안해하곤 한다.

손자들을 대하면서 나도 혼란스러울 때가 있었다. 온전히 내 책임하에 있는 아이들이 아니기 때문에 그런 것도 같고, 조부모가 손자 버릇을 망친다는 통념 때문에 스스로에 대한 자기검열이 있었던 것도 같다. 때로는 이쪽이 옳은 것도 같고, 또 어떤 때는 저쪽이 좋은 것도 같다. 확실한 것은 우리가 아이들을 맡아 기르는 것은 잠시일 뿐, 이내 양육의 책임은 모두 부모에게로 넘어간다는 사실이었다.

어느 시기부터는 엄마들의 역할도 중요하지만, 아들은 아무래도 아빠와의 관계가 중요하다. 사위들과 손자들의 관계를 주시하면서 안심하기도 하고 근심하기도 했다. 이 녀석들은 충분히 좋은 부모에게서 태어났으니 일단 다행이다. 다만 앞으로 부자관계의 질은 서로 엮어나가기 나름이고, 그것은 끊임없는 회의와 반성과 노력에 기초해야 할 것이다. 근거 없는 확신이나 일시적인 기분으로 아이들과의 관계를 쌓아올려서는 절대로 안 된다.

자식은 뜻대로 안 되는 것

조선시대의 학자 이문건이 지은, 현존하는 가장 오래된 할아버지의 손자 육아기 《양아록養兒錄》을 풀어쓴 《선비의 육아일기를 읽다》라는 책을 읽었다. 막내가 내게 그 책을 사다주었는데, 늘그막에 손자를 키우는 처지가 같으니 참고해보라는 뜻이었을까.

헌데 이 책을 읽다보니 마음에 위안이 되고 힘이 난다기보다는 자식도 손자도 다 뜻대로 되지 않아 지극히 불행했던 한 남자의 일생이 어른거려서 마음이 답답했다. 병으로 모두 잃고 하나 남은 자식은 병의 후유증으로 머리가 모자랐고, 그 자식에게서 천신만고 끝에 얻어 지성으로 기른 손자도 학문에 뜻이 없고 겨우 열서너 살에 술에 절어 다니며 말썽을 부렸다. 손자가 어릴 때야 그 할아버지도 기쁨과 기대에 겨웠지만, 손자가 자라남에 따라 기쁨과 기대는 분노와 절망으로 바뀌었다. 아이 키우는 과정에서 단면만 잘라보면 왜 빛나고 행복한 순간이 없었겠는가. 문제는 끝까지 행복한 경우가 결코 많지 않다는 사실이다. 이런 책 읽어봐야 기운만 쭉 빠지는 것 같아서 전반부만 훑어보고 덮어두었다.

그런데 아내는 의외로 이 책이 주는 소소한 기술에 흥미를 느꼈는지 후반부 이야기들까지 다 읽은 모양이었다. 10여 년에 걸친 기록임에도 불구하고 한문으로만 씌어진 《양아록》 자체는 별로 길지 않은 문건이라, 친절한 편저자가 아이 키우는 다른 이야기들을 같이 끼워 넣어둔 것이 바로 후반부였다.

어느 날 아내가 나를 불러 책에서 재미있는 부분이라며 얘기를 해준다. "도연명이 왜 벼슬을 버리고 낙향해서 술에 절어 살았는지 알아요?" 나는 대답했다. "워낙 세상사에 뜻이 없고 술을 좋아해서 그런 거 아냐?" "그게 아니래요. 자식들이 다 뜻대로 안 되니까 열 받아서 그런 거래요." 나로서는 금시초문이었지만, 저자가 보기에는 시대를 뛰어넘어 도연명의 얘기와 이문건의 얘기가 동병상련이었던 모양이다.

도연명이 유명해서 그렇지 어디 그런 얘기가 그들뿐이었으랴. 여기 도연명이 아들들에 관해 지은 시를 다시 옮겨본다. 이제까지 내가 접해본 도연명의 어느 시보다 솔직하고 절절했다. 웃기려고 쓴 시도 아닐 텐데 어느 대목에서는 실소까지 터져나왔다.

흰머리는 양쪽 귀밑머리를 덮고
살갗도 이제는 실하지 못하다
비록 아들이 다섯이나 있지만
모두 종이와 붓을 좋아하지 않는다
아서는 벌써 열여섯 살이지만
게으르기로는 비할 자가 없다
아선은 열다섯 살이 되어가는데
글공부를 좋아하지 않는다
융과 단은 열세 살인데
여섯과 일곱을 알지 못한다
통은 아홉 살이 되는데
배와 밤만 찾고 있다
하늘이 내린 운세가 진실로 이러하니
또다시 술이나 마실 뿐.

예전에는 책을 열심히 읽고 글을 잘 지어야 성공하고 출세하는 것이었으니, 그게 안 되는 자식들이란 모두 성에 차지 않았을 터이다. 지금이야 문재가 없으면 다른 일이라도 시킬 수 있지만, 그런 다른 길이 존재하지 않던 시대다. 부모가 이렇듯 자신의 기준으로 자식들을 얽어매고 자신마저 괴롭히는 것은 동서고금을 막론한다.

내 기대가 별로 크지 않았던 덕일지는 모르겠지만, 우리 아이들은 내가 생각했던 것보다는 더 낫게 된 것 같다. 그래도 애비 마음에 자식들이 골고루 다 차는 법이란 없다. 가만히 앉아 생각하면 이런 점 저런 점이 모자라기 일쑤다. 꼭 세상의 기준으로 성공과 출세를 바라서가 아니라 자식의 품성이 내가 생각하던 그릇에 못 미친다고 생각하면 힘이 빠진다.

자식들의 경우를 거울 삼아 손자들에게는 지나친 기대를 하지 말아야지 생각했다. 그러나 아이들을 바라보면 어느새 은근히 바라는 것들이 부풀어져 있음을 깨닫고 깜짝 놀라곤 한다. '세상에서 가장 좋은 아버지는 일찍 죽은 아버지'라는 말도 있다. 어릴 때 기억하는 아버지란 실제보다 나은, 거의 이상적인 이미지이기 때문이라 그런 말이 나온 게 아닐까. 늙어가며 드러나는 아버지의 실상은 이상과는 거리가 멀다. 이것은 아버지 쪽에서 보기에도 마찬가지다. 자식이 어릴 때는 모든 것이 가능하니 희망도 가득하다. 이문건도 도연명도 손자나 아들들이 아기일 때 헤어질 수 있었다면 가장 아름다운 순간만 간직할 수 있었으리라.

서로 간에 죽고 사는 것을 조절할 수 없는 보통 사람들이라면 마음이라도 꾸준히 다스릴 일이다. 그렇게 속을 태우던 이문건도 죽기 전에는 마음을 깨끗이 비웠던 모양이다. 그때 비울 수 있다면 가급적 지금 비워야 할 것이다. 손자들의 지금 귀여운 모습을 기억하고 누리자. 그것이 할아버지로서 누릴 수 있는 특권이라 생각하며.

근본적인 질문들

아내와 함께 손자들을 키우는 동안 내 머릿속에는 '아이들에게 가장 필요한 것은 무엇일까?'라는 질문이 자주 떠올랐다. 물론 답을 내기란 쉽지 않았다. 백인이면 백 가지의 답이 나올 것이었다. 어쩌면 애초부터 정답이 있는 질문이 아니다. 일찍이 동서고금의 현인과 석학들이 던졌던 '사람은 무엇으로 사는가?'라는 질문과 본질이 비슷하다. 이런 질문에 대한 답은 어떤 것을 들어도 바로 무릎을 치며 공감하기보다는 속으로는 계속 갸우뚱하게 되는 것이다.

앞으로 이 아이들을 계속 키워나가야 할 제 부모들의 질문은 보다 직접적이고 성과지향적이다. "어떻게 해야 아이들을 잘 키울 수 있을까?" 물론 여기에 대한 답도 무수할 터이다. 어쩌면 답을 찾는 과정 자체가 의미 있는 건지도 모르겠다. 답을 미리 정해놓고 가다보면 더 많은 오류가 발생할 것 같다. 그 오류를 고치고 싶거나 고칠 수 있을 때는 이미 아이들이 다 커버린 후인지도 모른다. 섣부른 답을 바라기보다는 성실한 구도자의 자세로 이 질문들을 부여잡고 있지 않으면 안 된다.

딸들과 사위들은 조기교육에도 극성스럽지 않고, 아이들은 일단 실컷 놀아야 한다는 생각을 가지고 있다. 덕분에 도헌이와 경모는 우리집에서도 저희들 집에서도 똑같이, 막내의 표현에 따르면 '시골아이들처럼' 자랐다. 그러나 예전처럼 부모의 인식이 부족해서 방목해 기르는 것은 아니었다. 모두 고민하고 모색한 끝에 잠정적인 답을 찾아냈고, 거기에 충실한 것이라고 해야겠다.

내가 생각건대 아이들에게 무엇보다 필요한 것은 양육자의 진정한 관심이다. 관심이라고 하면 너무 추상적이니까 보다 구체적으로 '귀를 기울이는 것'이라고 하는 게 낫겠다. 아기일 때는 울음소리와 옹알이에 귀를 기울여야 한다. 어른이 울음소리에 즉각 반응할수록 아기는 세상에 대해 호의적인 느낌을 가진다고 한다. 옹알이에 응해주고 대답해주지 않으면 아기는 말을 배울 수가 없다. 자라서 말문이 트이면 비로소 대화가 시작된다.

아내는 자식들이 자랄 때 아이들의 얘기를 정말 많이 들어주었다. 아이들은 번갈아 부엌 의자에 앉아 학교에서 있었던 일이나 친구들과의 사소한 사건, 그리고 자신의 생각을 제 엄마에게 얘기했다. 아내는 그렇게 아이들이 얘기한 내용들을 모두 기억하고 있었다. 자식들이 더 자라서도 대화는 계속되었고 지금까지도 이어지고 있다. 나는 바로 아내의 그 끝없는 귀기울임이야말로 자식들을 엇나가지 않게 키워낸 힘이라고 생각한다. 내가 아직 어린 손자들에게 가장 잘 해줄 수 있는 일도 바로 귀기울이는 일이다. 말이 되든 안 되든 얘기를 듣고 또 들어준다. 이 녀석들이 어디에서나 계속 이런 식으로 '귀기울여지는' 사람들이 되기를 바란다.

나아가 나는 아이들을 잘 키우기 위해서 제일 필요한 것은 부모들의 절제라 생각한다. 예전에는 주로 결핍에서 문제가 발생했다. 먹을 것도 부족하고, 약도 부족하고, 지식도 부족하고, 희망도 부족했다. 그러나 요즈음의 문제는 지나친 풍요에서 비롯된다. 너무 많이 먹어서 비만이 되고, 약을 과도하게 써서 부작용이 생기고, 아는 것이 너무 많아서 독이 되고, 욕심이 너무 많아서 비정상적이고 기형적인 삶으로 아이들을 내몬다. 대부분의 부모들에게 '잘 키운다'는 것은 '특별하게 키운다'는 것으로 받아들여진다. 그런데 역설적이게도 모두가 특별하게 키우기 위해 발버둥치며 시도하는 그 모든 방법이야말로 가장 평범하고 흔한 것이 되어버린다. 정보의 유통이 원활하고 서로를 모방하기 때문이다.

대개 비범한 성공을 위해서는 비범한 열망이 필요하다. 그런데 너무 많은 것들이 기본값으로 주어지면 평균을 뛰어넘는 열망은 결코 싹틀 수가 없다. 그러므로 양육에 있어 부모의 절제야말로 아이를 비범하게 키워내는 필수불가결의 요소인 것 같다. 물론 할아버지인 나는 아이들이 '특별하게' 자라기를 원하는 것이 옳다고 생각하지 않는다. 내가 생각하는 '잘'이란 '지혜롭게' 그리고 '행복하게'에 가깝다.

돌이켜보자면 과연 대한민국에 교육열이 시들했던 적이 있었나 싶다. 구체적인 발현양상이 시대에 따라 달라졌을 뿐, 교육을 출세의 도구로 삼고 자식을 부모의 대리로 삼는 욕망의 뿌리란 항상 같았다.

우리 자식들이 이러한 흐름과 근원을 통찰할 수 있기를 바란다. 통찰력이 있으면 원칙도 바로 설 것이고 이에 따르는 현명한 대처도 가능할 것이라고 믿기 때문이다. 아낌없이 주어야 할 것과 아껴야 할 것을 구별하는 것, 변하지 않을 것과 변할 수 있는 것을 구별하는 것, 그리고 포기할 것은 빨리 포기하는 것, 이게 바로 이 시대의 현명한 부모가 갖춰야 할 첫 번째 덕목은 아닐는지.

성장과 이별

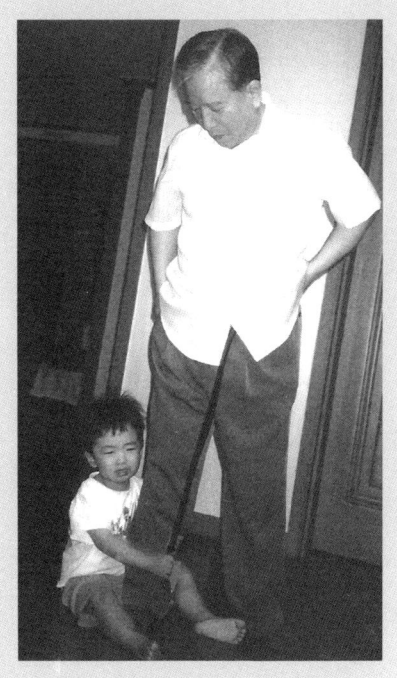

기저귀 떼기

아이들이 한 돌 반이 넘어가면서부터 에미 애비는 나름 걱정을 하기 시작했다. 그때까지 아이들이 뒤집고 기고 걷고 도리도리 짝짜꿍 하는 것은 약간 늦고 빠른 차이가 있을 뿐 웬만큼 때가 되면 스스로 알아서 해주는 것 같았는데, 기저귀 떼는 일만큼은 그렇지가 않았다. 아이들이 알아서 할 때까지 놔두자니 마냥 늦어질 듯도 하고, 특별한 기술도 아닌데 어느 정도 부모의 요령이나 의지가 개재되어야 비로소 이루어진다고 생각하니 조바심이 날 법도 했다.

아내는 딸들에게 "때가 되면 다 된단다."라고 말하곤 했지만, 사실 우리 자식들 키울 때에도 이렇게 기저귀 떼는 걸 신경 썼던가 생각하면 영 가물가물하다고 했다. 아무튼 우리도 2008년 여름부터는 아이들의 배변훈련을 돕는답시고 오줌통도 정해놓고, 플라스틱 변기와 어른 변기에 얹어 쓸 수 있는 유아용 시트도 구해다놓고, 아이들에게는 가끔씩 "형아가 되려면 기저귀를 떼야지." 또는 "이렇게 쉬야를 하니 멋있네." 하는 식의 호들갑 섞인 자극도 주었다.

도헌이는 사내아이치고 걸음마를 빨리 시작한 것처럼 기저귀도 상대적으로 빨리 떼었다. 한 돌 반이 되자 제법 마렵다는 의사표시를 하고 직접 쉬야 통을 들고 눌 줄 알았다. 스스로 오줌을 누는 빈도가 점차 늘더니 그해 여름에는 오줌 정도는 가렸다. 이듬해 두 돌이 넘어 근처 어린이집에 보냈더니 어린이집 선생님이 아예 기저귀를 채우지 말고 등원시키라고 했다. 어린이집마다 특징이 있겠지만 거기서는 두 돌이면 아이들 모두 스스로 배변을 한다는 것이었다. 도헌이가 오히려 늦은 축이었다. 선생님은 자신 있게 말했지만 설마 될까 하는 의구심이 들었다. 아니나 다를까. 도헌이는 몇 번씩이나 옷을 버려왔다. 우리집에서는 한 번도 그래본 적이 없었으니 갑자기 너무 가혹하게 훈련을 시키는 것이 아닐까 걱정이 되었다. 그래도 두 달쯤이 지나자 도헌이는 어느새 응가를 제법 가리기 시작했다.

정작 문제는 그 다음부터였다. 도헌이가 낮에 어린이집에 다닐 때에는 완전히 변을 가렸는데, 밤중에 그야말로 지도를 그리는 일이 잦다고 제 에미가 걱정을 했다. 처음에는 그럴 수도 있으려니 대수롭지 않게 넘겼다. 하지만 몇 번이나 계속해서 한밤의 물난리를 겪고 난 에미가 하는 수 없이 다시 기저귀를 채워 재우기 시작하니, 아이는 아예 마음 편하게 자면서 규칙적으로 변을 본다고 했다. 도헌이를 혼내보고 타일러도 보았다지만 아이 의지대로 조절할 수 있는 문제가 아닌 듯했다.

그후 가끔 기저귀 신세를 지기도 했지만, 완전히 해방된 것은 네 돌 전이다. 기저귀 떼는 초기에 잘 되는 듯하다가도 오히려 나중에 어려움을 겪는 경우가 더러 있다더니 그런 예가 아닌지 걱정도 되었다.

경모는 도헌이보다 배변 연습이 한참 늦었다. 도헌이 하는 것으로 봐서는 경모도 이내 소변쯤이야 가릴 수 있을 줄 알았는데, 경모는 시간이 꽤 지나도록 별로 그러고 싶은 기미를 보이지 않았다. 가끔 도헌이 하는 모양을 보고 자극이 되었는지 소변 통 들고 따라 하기 시작했지만 그것도 몇 번으로 그쳤다. 억지로 시키면 문제가 생길까 싶어 그냥 내버려두었더니 계속 늦어지기만 했다. "이렇게 변기에 직접 쉬야나 응가를 해야 멋지지?" 하면, 경모는 "저두 나중에 멋지게 할 거예요."라고 대답만 잘 했다. 아무리 싸대도 척척 갈아주는 할아버지 할머니가 있으니 마음이 편한 것도 같았다.

아이는 점점 무거워지는데 매번 화장실에 들고가서 엉덩이를 닦이는 것이 벅찼다. 하루는 내가 경모의 응가 묻은 엉덩이를 닦이고 있노라니, 녀석이 어린 소견에도 미안해졌는지 "제가 크면 하버지 똥 닦아 드릴게요."라고 불쑥 말했다. 미안해하며 갚아주겠다는 마음이 생겨난 것이 기특하고, 보드라운 엉덩이가 너무나 사랑스러워서 그때까지 다소나마 아이를 핀잔하는 마음이 생기던 것을 다 지워

버렸다.

　그동안 큰딸도 경모가 걱정이 되었던지 여기저기 아들 키운다는 사람들에게 물어보고 다닌 모양이었다. 물론 그 단계를 지난 사람들은 태평하게 "아무리 늦어도 30개월이 지나면 반드시 떼니 걱정 말아라."라는 식의 조언을 해주었다고 한다. 누구 얘기를 들어봐도 결국은 다 된다는 결론은 같았지만 아이가 뒤쳐진다고 생각하면 에미 마음은 편치 않았을 것이다. 큰딸은 배변 훈련에 도움이 된다는 그림책들을 사와서 읽어주기도 했다.

　경모는 30개월이 되어서야 비로소 기저귀를 뗄 수 있었다. 어린이집에 가기 두 달 전 여름이었다. 경모가 기저귀를 떼는 것은 그야말로 단 며칠 새에, 별다른 예고도 없이 스르르 이루어졌다. 어느 날 변기에 스스로 앉더니 우리가 한두 번 성공에 과한 칭찬을 하자 신나서 꼬박꼬박 변기에 변을 보기 시작했다. 큰딸은 너무나 기뻐서 여기저기 자랑이라도 하고 싶은 심정이라고 했다. 경모는 이후 한두 달, 밤에 기저귀를 차고 자다가 그마저도 끊게 되었다. 경모의 기저귀 떼기는 늦어서 애를 태운 만큼 결과는 확실했다.

　마침내 기저귀에서 해방된 아이들의 걸음걸이가 가벼워진 것을 보고 있노라면 시원섭섭했다. 일을 덜어 편하기도 했지만, 그만큼 의존하지 않으니 허전하기도 했다. 두 녀석 모두 네 돌을 넘긴 요즘은 다들 알아서 화장실로 달려가 변을 보고 손까지 씻고 나온다. 문득 궁금해져서 "너 기저귀 차고 다니던 때 기억 나?" 하고 물어보면, 두 녀석 다 "아니요."라며 전혀 모르겠다는 말간 얼굴로 대답한다. 당연히 그렇겠지 싶으면서도 어쩌면 저렇게 다 잊을 수 있을까 신기하기도 하다. 기저귀 차던 일을 까먹은 것은 좋지만, 경모가 철석같이 했던 할아버지 똥 닦아주겠다는 약속까지 잊은 것은 아닐까 좀 걱정이 된다.

이등변 삼각형

　부모 입장에서는 아무리 마음을 비우려고 해도 자식에 대해 온갖 분별과 감정이 생겨나게 마련인가보다. 큰자식과 작은자식이 다르고, 아들과 딸 사이에 구별도 생기고, 더 잘난 것과 더 못난 것이 보이고, 예뻐졌다가 미워졌다가도 하고, 자꾸만 욕심이 붙었다. 그러다 보니 의도와는 달리 모진 소리도 더러 하게 되고 아이들로부터 원망의 눈길도 받곤 했었다. 나의 분별심에 따라 아이들도 서로 간에 비교하고 경쟁을 했고, 그만큼 아이들은 덜 행복해졌던 것 같다. 그러나 세월이 흘러 할애비가 되고 나니 아이들을 보아도 잘잘못이 따로 없고, 더 곱고 덜 고운 것도 없고, 붙일 욕심도 덜어낼 욕심도 별로 없어진다. 이 녀석이나 저 녀석이나 저울에 달아도 기울기가 없을 것 같다. 데려오면 만나고 데려가면 보내고, 있으면 귀엽고 없어도 그 마음이다.

도형으로 생각해보면, 도헌이와 경모 두 녀석은 사촌간이니 나는 두 녀석이 각각의 에미를 통해 만나는 이등변 삼각형의 꼭짓점에 있다. 그 꼭짓점에서 일촌의 욕심을 뛰어넘어 두 녀석을 바라보는 것이 내 마음이다. 균형이라고 해도 좋고 중용이나 중도라고 해도 좋다. 그냥 나이 들면 되는 '할아버지'가 아니라 '할애비'가 되어서야 이런 경지를 체험하게 된다. 예전에 '애비'일 때는 머리로만 생각했지 절대로 가슴이 따라가지 못하더니 한 다리 건너 '할애비'가 되어서야 비로소 머리와 가슴이 나란히 같이 가는 것이다. 아내에게 어떠냐고 물어보니 "나도 마찬가지예요. 두 녀석 다 나한테는 똑같아."라고 대답한다. 아내도 '할미'의 심정인 것이다.

사람은 서로 다르고 달라야만 한다. 타고난 성품만이 아니라 처지가 다르고, 판단의 기준이 다르고, 이해가 다르고, 감정이 다르다. 그러나 그런 다름은 우열이나 장단으로 따질 것이 아니다. 그냥 다를 뿐이다. 빨리 먹는 놈, 천천히 먹는 놈, 짜증을 내는 놈, 낙천적인 놈, 제 물건에 욕심이 많은 놈, 욕심이 좀 적은 놈, 민첩한 놈, 둔한 놈, 통통한 놈, 야윈 놈, 살결이 흰 놈, 가무잡잡한 놈, 눈이 큰 놈, 눈이 작은 놈……. 이런 다름은 그냥 그대로 존중되어야 하는 특징일 뿐이다. 문제는 그 특징을 기대와 욕심이라는 창을 통해 보는 부모들이다. 할아버지, 할머니는 이러한 부모다움에서 떨어져 있으니 편안하다. 손자가 자식보다 더 좋은 이유라고나 할까.

도헌이는 아주 어릴 때부터 붙잡고 매달리는 힘이 셌다. 걸음마도

사촌간인 도헌이와 경모는 노는 모양이 많이 다르다. 나는 이렇게 다른 녀석들이 서로를 좋아하고 그리워한다는 게 늘 반갑고 신기하다.

일찍 시작했는데 이내 높은 곳에 올라가서 균형을 잡는 것을 좋아했다. 소파 등받이에 대고 물구나무를 서기도 했고 놀이터에서 미끄럼틀을 탈 때에도 엎드려 타며 속도를 즐겼으며 그네도 배만 걸치고 엎드려서 그네의 진동을 만끽했다. 시소도 이쪽 끝에서 저쪽 끝까지 팔을 벌리고 걸어다니며 쿵덕쿵덕 충격을 즐기면서 혼자 놀 줄 알았다. 다른 어른들은 어린 아기가 저런 위험한 짓을 하느냐면서 깜짝 놀라곤 했지만 나는 그 녀석이 하던 짓을 계속 보아오던 터라 별로 걱정하지 않았다.

몸으로 노는 것을 좋아하는 도헌이는 처음부터 변신하는 로봇에 관심을 보였다. 두 돌 무렵부터는 설명서의 그림만 보고도 로봇 조립을

할 줄 알았다. 그뿐인가. 레고와 블록은 능숙하게 척척 맞추고, 모양을 잘도 만든다. 몸은 마른 듯 빼빼지만 숫기와 배짱이 좋다. 좀 물어볼 게 있다며 아파트 경비실로 당당히 걸어 들어가기도 하고, 혼자 딸기를 사러가겠다며 엘리베이터를 타고 집을 나서는 등 행동이 당돌하고 거침이 없다.

경모는 몸놀림이 조심스럽고 신중했다. 덕분에 도헌이만큼 민첩하게 놀지는 못하는 반면 논리와 줄거리가 있는 이야기를 좋아한다. 제 마음에 드는 이야기를 들으면 또랑또랑한 얼굴로 "하버지, 그 얘기 다시 한 번 해주세요."라고 조른다. 얘기를 열심히 듣는 것만큼 조리 있고 길게 말하는 것에 능하고, "왜냐하면…" 하고 운을 떼길 즐긴다. 공간인지력이 좋아서 어린아이치고는 놀라울 정도로 지형지물과 길을 잘 기억했다. 한 번 가본 장소는 꼭 알아봤고, 노상 다니는 길은 터널과 다리의 이름까지 모두 기억했다.

경모는 장난감 중에서 자동차를 제일 좋아한다. 단지 장난감으로만 좋아하는 것이 아니라 실제 차에도 관심이 많았다. 두 돌이 지나서는 차의 모양으로만 거의 모든 국내외 차종을 구분하고 심지어는 신형과 구형을 구분하는 단계에 이르렀다. 게다가 정리정돈도 곧잘 한다. 두 돌 된 어린 것이 카펫 한 쪽이 접혀 있으면 지나가다가도 돌아와서 다시 펴놓고, 신을 벗은 뒤 가지런히 현관에 정리해놓는다. 집을 나설 때면 꼬박꼬박 문단속과 불단속도 할 줄 안다.

나로서는 녀석들이 이처럼 서로 다른 것이 기쁘기만 하다. 어떤 쪽이 더 나은가 하는 분별은 애초에 버렸다. 오히려 다른 부모 밑에서 태어난 두 녀석이 똑같았더라면 얼마나 이상하고 심심했을까 하는 생각마저 든다. 태어나자마자 거의 함께 키웠고 그야말로 한솥밥을 먹고 자랐으니, 이처럼 다른 성향이 나타나는 것이 환경의 영향이라고 말하기는 어려울 듯싶다. 그렇다면 역시 유전의 힘인가 생각해보지 않을 수 없다. 한편으로 "타고나서 그렇지." 하는 말은 쉽고 간단하다. 하지만 그게 그냥 제 부모와 그 이전 세대로부터 받은 유전자의 오묘한 조합 덕택인지, 그 이전의 생들로부터 이어온 어떤 것인지는 알 도리가 없다. 나로서는 그저 앞으로 녀석들의 다름이 어떻게 진행될 것인가 지켜보는 일이 흥미진진할 뿐이다.

　무엇보다 신기하고 반가운 것은 이처럼 다른 두 녀석이 기본적으로 서로를 아주 좋아하고 그리워한다는 사실이다. 두 녀석은 가끔 우리집에서 만나 놀다가 헤어질 때는, 설령 서로 다툼을 하다가도 헤어지기 싫다며 운다. 한동안 만나지 못할 때에는 서로 뭐하고 있을지 궁금해한다. 어린이집 친구들에게도 도헌이는 경모, 경모는 도헌이 얘기를 제일 많이 한다고 들었다. 우리집에서 도헌이가 경모에게 주겠다며 과자를 챙겨놓는 것을 칭찬해주고, 경모가 도헌이에게 자동차 양보하는 것을 치켜세워주었더니, 어느 샌가 둘 사이에 서로 생각해주는 마음이 싹트게 되었나보다고 우리 부부는 자화자찬한다. 두 녀석에게 똑같은 할애비와 할미의 마음이다.

개와 고양이

　예전에 누군가 여자 연예인들을 개과와 고양이과로 분류한 것을 보고 재미있다고 생각한 적이 있다. 보통 착하고 동글한 얼굴에 순한 눈매를 가진 쪽이 개, 뾰족한 턱선에 치켜올라간 눈매를 가진 쪽은 고양이, 하는 식의 분류였다. 실제 배우들의 성격은 알 수 없을 테지만, 대체로 생긴 대로 배역을 맡기는 듯해서 개과인 배우들은 착한 주인공을 자주 맡고, 고양이과 배우들은 앙칼진 악역을 많이 한다고 했다. 그 영향인지 나도 언제부터인가 사람들을 보면서 누구는 개, 누구는 고양이라고 은연중에 생각하곤 했는데 이 분류법은 오랜만에 아기 손자들을 만나면서 더 자주 떠올랐다.
　처음에는 도헌이가 붙임성 있게 잘 웃고 잘 반응했었다. 이 녀석은 생후 몇 주가 되지 않아 토실토실 살이 올랐고, 나와 눈을 맞추었다.

눈만 맞춘 게 아니었다. 내가 안고 "우우~." 소리를 내면, 어린 것이 비슷하게 "우우~." 하는 소리를 따라 내었다. 나는 아주 신이 나서 매일처럼 울음소리 연습하는 동물들처럼 도헌이와 우우~ 놀이를 했다.

반면 50일 늦게 태어난 경모는 에미가 입덧을 오래 해서 그런지 처음부터 야윈 데다 잘 울고 보챘다. 울고 보채느라 정신이 없어 도헌이와 같은 교감을 하기도 어려웠다. 그래서 이 기간 동안 나는 도헌이가 개처럼 붙임성이 있다고 생각해서 개과라고 하고, 경모는 사람을 잘 따르지 않고 까칠하니 고양이과로 불렀다. 나로서는 당연히 도헌이와 노는 것이 더 재미가 있었기에, 보채는 경모를 둘러싸고 제 에미와 할머니가 쩔쩔 매는 동안 주로 도헌이를 전담했었다.

그런데 경모는 시간이 지나면서 타고난 식성이 좋은 덕인지 줄곧 잘 먹어댔다. 백일이 지나자 통통하게 살도 올랐다. 그 무렵부터 도헌이는 제 에미가 저녁마다 제 집으로 데려가고 경모는 주중에 우리가 아예 맡아 길렀으니, 경모와 지내는 시간이 상대적으로 많아졌다. 도헌이는 제 집과 우리집을 오가면서 먹는 환경이 일정치 않아서인지 아니면 본래 위가 약한 것인지 자주 토하고 먹는 양도 적었다. 당연히 아이는 몸이 마를 수밖에 없었다.

그런데 이 시점쯤에서 도헌이와 경모의 성격이 서로 반대로 나타나기 시작했다. 경모는 방글방글 웃는 일이 늘었고, 도헌이가 도리어 새침해졌다. 개와 고양이가 서로 바뀐 모양이었다. 나는 이번에는 경모에게 정을 붙여 여러 가지 소리놀이며 눈맞추기를 시작했다. 경모도 예전 도헌이만큼이나 반응이 좋았고, 그럴수록 나는 무척 기뻤다.
　아내와 나는 두 아이가 돌이 될 무렵 어린이 한의원에서 보약을 한 재씩 지어먹였다. 도헌이의 경우는 특히 녹용을 넣어 지었다. 이 무렵의 아이에게 녹용을 과하게 쓰면 자칫 바보가 된다지만, 적당히만 쓰면 아이의 체질을 튼튼하게 만들어준다고 해서였다. 그간 입이 짧아서 무던히도 애를 태웠던 도헌이는 그 보약 덕분인지 조금은 살이 오르고 토하는 횟수도 줄었다. 경모야 워낙 잘 먹던 터라 먹는 것으로 약효가 나는 줄은 잘 몰랐지만, 소화기능은 왕성한 데 비해 호흡기가 약할 수 있다는 한의사의 말에 부랴부랴 약을 지었다. 도헌이는 보약이 잘 맞는 것 같아서 나중에 한 재를 더 지어왔다. 어린 것이나 어른이나 밥이 보약이라는 말이 맞았다. 속이 편하고 몸이 실해지자 도헌이의 붙임성이 한결 좋아졌다. 나는 이제는 둘 다 강아지가 되었다고 생각했다.
　그후로는 이 할아버지의 단순한 이분법으로 가늠하기 어려운 시기의 연속이었다. 어느 날은 경모가 앙칼진 고양이처럼 쌀쌀하게 굴었고, 도헌이만큼 착 안기고 달라붙는 강아지는 없다고 느껴졌다. 또 어떤 날은 이게 완전히 뒤바뀌어서 경모와 비로소 진정한 대화가 통하는 것 같은 느낌이 드는 반면, 도헌이는 고양이가 제 꼬리를 물며 노는 것처럼 혼자 놀기를 즐겼다.
　그간 내가 얼마나 말도 안 되는 기준으로 아이들을 재단했었는가 반성하는 마음마저 들었다. 그러면서 가만히 지켜보니 아이들의 성격이나 모습은 자라는 동안 몇 번을 변하고 또 변할 수 있다는 생각에 미쳤다. 앞으로도 아이들은 자꾸 변해갈 것이니 나로서는 변한다는 각오만 하고 있는 게 차라리 나을 듯하다.

사실 내 경험에 비추어보아도 어린시절에 너는 어떻다 하는 어른들의 단정은 별로 좋게 작용하지 못했다. 비난은 비난대로 내내 마음에 굴레를 만들고, 칭찬은 칭찬대로 마음을 지나치게 부풀렸다. 그러니 자라나는 아이들을 보면서 이렇다 저렇다 단정해서는 안 될 것 같다. 보통 그러한 단정은 혼자 생각으로만 끝나지 않고 은연중에 밖에 내놓게 마련이다. 알게 모르게 비교가 되고 편애가 되고 낙인이 되곤 한다.

젊은시절 내 자식들을 키우면서 너는 이렇다 저렇다 하는 말을 생각나는 대로 내뱉었던 것이 후회스럽다. 지금 알고 있는 것들을 그때 알았더라면 더 좋은 아버지가 될 수 있었을 텐데, 이미 시간은 흘러가 버렸다.

세월을 재촉하는 아이들

　시간처럼 공평한 것이 또 있을까. 누구에게나 시간은 흐르고 또 한정되어 있다. 그러나 시간이라는 것이 한없이 불공평하게 느껴지는 순간이 있다. 바로 노인과 아이가 얘기를 나눌 때이다. 시간이 무한할 정도로 많다고 느끼는 아이들은 시간의 부자이다. 남은 시간이 별로 없다고 느끼는 늙은이들은 시간의 가난뱅이다. 물론 부자였던 가난뱅이고 보니 부자가 과연 어떤 것이었는지 이제는 보다 더 잘 아는 가난뱅이다. 그러기에 가난뱅이는 부자를 부러워할 수밖에 없다.

　도헌이가 만 네 살이 되기 전 가을의 일이었다. "애기야!" 그날도 아내는 늘 부르던 대로 도헌이를 불렀다. 그런데 엉뚱한 대답이 돌아왔다. "저 애기 아니에요." "애기가 아니면 네가 뭔데?" "난 이제 형아예요." 대답은 또렷했다. "그럼 너 형아라고 불러줘?" "아니요. 그냥 도헌이라고 부르세요." "무슨 소리! 아직 애긴데. 기저귀 차고 오줌 싸던 때가 언제야. 밥도 여태 먹여줘야 하잖아." 아내가 짐짓 도헌이를 놀렸다. 도헌이가 발끈해서 대답했다. "저 이제 오줌 안 싸요. 그리고 혼자서 다 할 수 있어요."

재미가 있어서 내가 받아 도헌이에게 말을 걸었다. "그래, 형아가 되면 뭐가 좋은데?" "빨리 어른이 되잖아요." "어른이 되면 뭘 할 건데?" "경찰관 될 거예요." "왜?" "도둑놈 잡을 거에요." "잡아서 뭐하게?" "훔친 물건 다 빼앗게요." "빼앗아서 뭐하려고?" "잃어버린 사람에게 다 돌려줄 거예요." 몰라보게 조리가 닿고 대화가 된다. "그래서 얼른 자라고 싶어?" "네. 저 밥 잘 먹어요. 얼마나 튼튼한데요. 이거 보세요." 제 팔뚝을 걷어서 알통을 보이는 시늉까지 한다. 정말 조그만 알통 같은 것이 보인다. 이 녀석 부쩍 크는 모양이다.

며칠 후 경모를 만나서 물어보았다. "넌 애기냐? 형아냐?" "저 아까 전에 벌써 형아 됐어요." "왜 형아라고 생각해?" "우리 어린이집에 애기들 많아요. 선생님이 너희는 형아니까 애기 동생들 잘 돌봐주라고 했어요." "그럼 너는 어른이 되어서 뭘 하고 싶어?" "전 외삼촌처럼 판사 할 거예요." 이 녀석 얼마 전까지는 내내 군인, 경찰이더니 아무도 뭐라 하지 않았는데 난데없이 장래희망이 바뀌었다. "아니, 왜?" "경찰들 시키게요." "글쎄다. 경찰들 일 시키는 건 판사가 아니라 검사인데." "으응……." 판사와 검사가 뭔지 잘 모르는 경모는 드디어 말문이 막힌 모양이다.

네 살짜리 도헌이와 경모를 데리고 놀이터에 간 적이 있었다. 다른 아이들 둘이 와 옆에서 놀았다. 아무리 봐도 우리 아이들보다는 나이가 들어 보였다. 도헌이가 "넌 몇 살이니?" 하고 물었다. 아이들 중 하나가 "난 다섯 살." 했다. 도헌이는 주저 없이 "나도 다섯 살."이라고 받았다. 경모는 약간 놀란 듯이 도헌이를 바라보았다. 며칠 후 제 에미가 경모를 데리고 미용실에 갔다. 거기서 저보다 큰 사내아이를 만난 경모가 먼저 말을 걸었다고 했다. "너 몇 살이야?" 큰 아이가 "여섯 살."이라고 하자, 경모는 "응, 난 다섯 살!"이라고 대답했다. 도헌이의 허풍을 보고 좀 배운 셈인데, 아주 과감하게 나가지는 못했다. 경모는 다시 몇 주 후 길에서 개 두 마리를 만나서는 "어흥! 나는 열 살이다!"라고 허풍 떠는 것을 잊지 않았다. 그러면 개들이 무서워서 피하기라도 할 줄 알았나보다. 몇 달이 지난 후 경모는 산책을 나가서 어른 몸집만한 개 한 마리를 만났다. 경모의 반응이 가관이었다. "어… 어… 난 스무 살이다!" 이 녀석들 나이 많은 것이 무슨 큰 벼슬이나 되는 줄 아는 모양이다.

어린 것들은 오는 시간을 안달하며 재촉한다. 재촉하는 모양새가 대견하면서 안타깝기도 하다. 어린 날의 시간은 왜 그리도 천천히 흘렀던 것인지. 지금은 왜 시간이 이처럼 무서운 속도로 흐르는 것인지. 지금은 너희들이 시간을 쫓아가지만 언젠가는 시간이 너희들을 쫓아올 날이 올 것이다. 그때까지는 시간을 아껴서 후회 없이 온전히 그 시간을 누리거라.

경모를 보내다

2009년 8월 28일 금요일. 경모가 우리집을 떠났다. 다른 금요일 밤과는 사뭇 다른 작별이었다. 큰딸의 직장 내 '청사 어린이집'이 완공되어 월요일부터 개소를 한다고 했다. 경모는 월요일부터는 아침에 어린이집에 갔다가 저녁에 돌아오는 생활을 시작할 것이다.

제 집으로 돌아가는 녀석은 언제나처럼 신이 났다. 첫 돌이 지날 때까지는 뭐가 뭔지도 모르고 어리둥절 따라가더니, 차츰 커가면서는 제 부모와 함께 있는 주말을 한 주 내내 기다렸다. 마침내 금요일이 되면 어린 것이 마음이 분주해서 저녁나절에는 아예 집 밖에 나가서 제 부모를 기다리기도 했다. 금요일 저녁의 교통체증 때문에 에미 도착 시각이 좀 늦어지면 아이는 눈물이 뚝뚝 떨어질 것 같은 눈이 되었다가, 막상 제 에미가 총총히 들어서면 꿀을 발견한 꿀벌처럼 빙글빙글 춤을 추며 좋아했다. 그럴 때 내가 짐짓 놀리느라 "너 오늘 너네 집으로 가지 말고, 할아버지랑 같이 있자."고 하면, 경모는 당장 "싫어요. 엄마 따라 갈래요." 하면서 울상을 짓는 것이었다.

큰딸은 30개월 내내 주중에는 평균 3~4일쯤 퇴근 후 우리집으로 왔다. 저녁 내내 아이를 돌보고 잠이 들 때까지 함께 있어주다가 혼자 돌아가는 일과를 반복한 것이다. 당시 출근이 새벽 7시까지인데, 아주 이르게 퇴근을 해도 하루 12시간 이상을 내리 근무하다가 부랴부랴 달려왔다. 큰딸이 오는 날에는 경모가 엄마를 기다렸다가 맘마도 먹고 목욕도 하고 그림책도 읽었다. 다만 엄마가 와 있으면 쉽사리 잠자리에 들려고 하지 않는 게 문제였다. 아무리 눕혀놓고 자장자장 토닥이고 업고 돌아다니며 달래도 밤 11시가 지나서야 잠드는 일이 허다했다. 잠이 들락말락 하다가는 불안한지 눈을 뜨고 또 뜨고 하는 일을 반복했다.

경모는 그렇게 간신히 잠이 들었어도 에미가 떠난 새벽녘에는 종종 "엄마 같이 가. 같이 가." 하는 잠꼬대를 하거나 갑자기 깨어나서 휘둥그레진 눈으로 엄마를 찾았다. 내가 그때마다 "엄마 내일 또 오실 거야. 그냥 자자." 하고 토닥거리면 경모는 다시 스르르 눈을 감곤 했다. 밤 11시가 지나고 자정이 가까워져도 도무지 잠들지 않는 경모를 두고 큰딸이 어쩔 수 없이 몰래 우리집을 떠나는 날도 드물게 있었는데, 그런 날이면 경모는 내내 서럽게 울고 또 울다가 내 곁에서 간신히 잠이 들었다. 차라리 에미가 아예 오지 못하는 날이면 경모는 중간에 깨지 않고 잠을 편하게 잤다.

그런 나날들이 이어져 꼬박 서른 달이었다. 나는 제 부모와 떨어지는 일이 점점 더 힘든 경모를 볼 때마다 어서 빨리 제 식구들끼리 합쳐서 같이 살거라, 염원을 했다. 그리고 그때는 우리도 큰 짐을 내려놓는 홀가분한 날이 될 터였다. 중간에 경모를 어린이집에 일찍 보낼 수 있는 기회가 두 번쯤 있었다. 한 번은 돌이 갓 지났을 무렵이었고, 또 한 번은 그로부터 반년쯤 흐른 시점이었다. 경모 에미 애비는 우리가 힘든 것이 마음에 걸렸는지 다소 이르더라도 아이를 어린이집에 맡겨보자는 얘기를 했다.

그때 아내가 반대를 했다. 적어도 경모가 기저귀를 떼고 스스로 기본적인 의사표현을 하게 될 때 보내자는 것이었다. 아내는 당시 경모 월령에는 보육교사 한 명이 무려 다섯 명의 아이들을 돌본다는 데 기겁을 했던 것 같다. 우리 둘이서 아이 둘 보기도 벅찬데 말이다. 아무리 우리보다 젊고 기운이 좋고 훈련을 받은 젊은이라고 해도 인간의 주의력과 체력에는 한계가 있는 법이다. 매일처럼 정성으로 보살피던 아이를 그렇게 보낼 수는 없었다. 그런 우여곡절을 겪으면서 경모는 내내 우리와 함께 있었다. 경모가 우리집에 사는 동안은 너희 집이 어디냐고 물으면 언제나 사직동도 제 집이고 염창동도 제 집이라고 대답했다.

헌데 막상 경모가 가야 할 날을 정해놓고 나자 녀석에 대한 밑바닥 정까지 다 쏟아져나왔다. 시간 가는 것이 야속했다. 녀석을 보내는 그날 낮에 나는 녀석에게 모자를 씌우고 손수건 넣은 배낭까지 제대로 메게 하고는 뒷산으로 이별여행을 갔다. 높지 않은 둔덕을 오르면서 강아지풀이며 아카시아 나무 이파리를 따서 작은 손에 쥐어주고 그걸 가지고 노는 법을 가르쳤다. 산길의 들꽃과 나무들의 이름도 일러주었다. 작은 산이나마 정상이라는 둔덕에 오르면 한강이 동서로 길게 펼쳐져 보인다. 나는 녀석에게 양 옆으로 보이는 한강 다리들의 이름과 강 건너편 공원의 이름을 말해주었다.

부디 건강하게 자라라. 나는 마음속으로 여러 가지 당부를 했다. 녀석은 전에 없이 진지한 표정이었다. 나는 휴대전화를 꺼내 "사진 한 장 찍자."고 했다. 녀석은 눌러쓴 모자를 젖히고 팔은 허리에 짚는 포즈를 제법 취해주었다. 내 휴대전화의 사진첩은 이미 경모와 도헌이 사진들로 가득했지만, 그 사진은 더욱더 뜻 깊은 사진이 될 것이었다.

그리고 금요일 저녁, 경모는 "할아버지께 뽀뽀하고 인사해야지." 하는 제 애비 말을 듣고서야 현관에서 내 방으로 뛰어들어와 작별의 의례를 서둘러 마치고 다시 뛰어나갔다. 나는 내 방을 나서지 않고 전송도 하지 않은 채 멍한 눈으로 세 식구의 뒷모습만 하염없이 바라보았다.

녀석이 떠나고 난 자리는 빈 둥지처럼 어수선하고 썰렁했다. 나는 녀석의 체취가 아직 남아 있는 담요 위에 한참을 누웠다가 일어났다. 자꾸만 시큰거리는 눈시울을 주체할 수가 없어서 샤워를 하러 들어갔

다. 어른의 체면 지키기를 포기하자 눈물인지 콧물인지가 쉼 없이 흘러내렸다. 한참을 그러다 나왔더니 아내가 왜 눈이 빨개졌느냐고 걱정스레 물어왔다. 나는 아마 샤워하다 비눗물이 들어간 모양이라고 했다. 할아버지가 외출을 할 때면 가지 말라고 바짓가랑이를 잡고 엉엉 울던 그 어린 것의 모습이 아직도 눈에 선한데, 무심한 방아깨비 한 마리는 결국 제 갈 길로 날아가버렸다.

도헌을 보내다

도헌이는 태어나서부터 줄곧 우리집 가까운 데서 살며 오락가락했다. 작은딸 내외는 신접살림을 서울의 다른 쪽에 차렸었는데, 아이가 생기자 아예 우리집 근처에 전세를 얻어 이사를 해버렸다. 작은사위가 지방에 본가를 두었기에 굳이 서울에서 지역 따지며 살 이유가 없었던 까닭이다. 그 덕분에 작은딸은 시집을 보냈다는 기분이 거의 들지 않을 정도로 우리집을 수시로 드나들었고, 강의 나가는 시간을 제외하고는 우리와 함께 도헌이와 경모를 돌보곤 했다.

도헌이는 26개월쯤 되어서부터 어린이집을 다니기 시작했다. 하지만 경모처럼 우리집을 아예 떠나지는 않았다. 어린이집에 다녀도 저녁때에는 작은딸을 대신해서 우리가 아이를 데려오거나 어린이집 버스에서 받아다놓는 경우가 잦았다. 작은딸이 학위논문 마무리 작업에 분주할 때는 방해가 될까봐 도헌이를 우리집에 데려다놓고 재우는 밤도 많았다. 경모네는 차로 30분이면 닿았지만, 걸어서 5분 거리인 도헌이네와는 심정적으로 하늘과 땅 차이였다. 둘째는 종종 경모는 24시간 어린이집에 다니고, 도헌이는 주간 어린이집에 다닌다고 툴툴댔지만, 실상은 도헌이야말로 우리집의 터줏대감이었다. 연구하고 가르치는 것을 업으로 하는 사람들은 주말이나 휴일에 더 바쁜 법이다. 작은딸이 일을 할 때면 작은사위는 도헌이를 데리고 동네 산책을 나왔다가 우리집에 들러서 식사를 하고 가는 일이 종종 있었다.

도헌이에게는 우리집 근처가 첫 동네이고 고향이다. 외가와 제 집이 같은 동네이니 놀이터도 길도 가게도, 둘러싼 모든 풍경들이 한결 친숙하고 푸근했을 것이다. 내 경우에도 밖에 나가면 경모 할아버지보다는 도헌이 할아버지로 알아보는 사람들이 더 많았다. 그런 반면 경모는 도헌이 집이 왜 할머니 할아버지의 집과 가까운지가 항상 의문이고 불만이었다고 한다. 도헌이로서는 함께 잘 놀다가 주말만 되면 떠나가는 경모가 의아하고 야속했다. 종종 도헌이는 경모네 집에 함께 가겠다고 떼를 썼고, 경모는 도헌이네 집에서 자고 가겠다며 울었다. 어른들이 사는 지역과 주거를 정하는 복잡한 사정과 계산을 아이들이 이해하기는 어려울 것이다. 다만 아이들 사이에 거리를 두고 서로를 그리워하는 애틋한 마음이 있으니 다행스럽게 생각할 뿐이다.

도헌이는 올해 3월부터 미리 새로 이사 가는 동네의 어린이집에 다니기 시작했다. 이사는 5월에 했지만 대기자가 많아서 중간에 끼어들기 어렵다는 것이었다. 그래서 아침저녁으로 에미가 데려다주고 데려오는 생활을 두 달 동안이나 했다. 역시 차로 고작 30분 이내의 거리다. 그래도 예전과 비교하면 심리적 거리가 상당하다. '일상'이 '어쩌다가'로 바뀌는 대목이다. 도헌이 어린이집 버스가 우리 아파트 앞에 들를 일은 이제 없어졌다.

지난 5년 동안 거의 매일처럼 도헌이를 데려오고 데려가던 일상도, 반바지와 슬리퍼 차림의 둘째 사위가 불쑥 문앞에 나타나 심심해서 들렀노라고 쑥스럽게 말할 일도 없어졌다. 경모가 떠나고 나서도 도헌이 덕분에 떠들썩해서 사람 사는 것 같았는데, 이제는 어른들만 사는 이 집의 적막함이 유난했다. 주말의 저녁식사조차 다른 주중의 날처럼 아내와 나 둘이서 조촐하게 하는 경우가 더 많아졌다. 이처럼 작은 부담이나마 덜어져서 홀가분한 게 아니라 오히려 허전하고 울적했다.

이런 우리 속을 아는지 모르는지 도헌이네는 올해 4월 내내 이사 준비로 분주했다. 한 번 계약을 갱신해가며 남의 집에 세를 살다가 그동안 세를 주었던 제 집에 들어가는 일이니 나름대로 준비할 것도 많았다. 그런 분주함에도 불구하고 세 식구는 마냥 설레고 기쁜 모양이었다. 우리 경험으로 짐작해보아도 그랬다. 막상 살아가는 살림집에 있어서 집값 같은 요소는 언제나 부차적이다. 무엇보다 집은, 제 소유라는 사실이 주는 아늑함이 제일 크다. 도헌이 때문에 우리와 가까이

살기 위해서 굳이 세살이를 해오던 작은딸네에게 어딘지 모르게 안쓰럽고 딱한 마음이 들었던 것이 사실이다. 이제는 세 식구가 온전히 자리를 잡고 단란하게 살겠구나 생각하니 마음이 한결 낫다. 그래도 우리가 한 동네에서 이웃하여 같이 살던 시절이 다시 또 오지는 않겠지.

집수리를 하는 보름 동안 이삿짐을 아예 창고에 맡기고 작은딸네가 우리집에 들어와 같이 살았다. 작은사위로서는 처음으로 처가살이를 해보는 것이었고, 우리로서는 도헌이와 마지막으로 진하게 같이 지내 보는 셈이었다. 우리집은 변두리라 집값은 비싸지 않아도 평수가 넓어 편하게 살고 있었더니 이럴 때는 유용했다. 근자에는 막내 딸과 우리 부부 세 식구만의 다소 적막했던 집안에 작은딸네가 들어오니 생기가 돌았다. 도헌이는 어린이집에서 돌아오면 마루 한 가득 장난감을 늘어놓고 신나게 놀았다. 경모가 주말에 놀러오면 둘이서 아예 무법자들처럼 땀을 뻘뻘 흘리며 온 집안을 헤집고 뛰어놀았다. 다시 예전의 그 시절이 돌아온 것 같은 착각마저 일으킬 지경이었다. 하나 달라진 점이 있다면 녀석들의 몸집이 커져서 훨씬 행동반경이 넓어지고 소란스러워졌다는 것이었다.

복닥거리며 지내는 동안 어느새 정해놓은 이삿날이 다가왔고, 작은딸네는 오던 날처럼 얼마 안 되는 짐을 챙겨 스르르 떠났다. 도헌이는 언제나처럼 큰 소리로 "할아버지, 안녕히 계세요! 할머니, 안녕히 계세요!" 하는 인사와 함께 볼에 뽀뽀를 하고는 현관을 뛰쳐나갔다. 나는 녀석을 되돌려 세워 꼭 껴안으면서 "건강하게 잘 자라거라." 하고 말하며 볼을 부볐다. 콧등이 시큰거려 더는 말을 잇지 못하고 돌아섰다.

  며칠 뒤 아내가 시장에 다녀온 후 내게 이런 말을 했다. "도현이네 살던 아파트 앞을 지날 때에는 어깨랑 팔에 힘이 빠진 듯이 축 늘어지는 게 꼭 뭘 잃어버린 것 같아서 허전하기 짝이 없더라구요. 거기다 공연스레 목까지 메이네. 왜 그러지?" 나는 의연한 척 대답했다. "이 사람아, 다 민들레 씨야. 훨훨 날아가서 뿌리 내리고 꽃 피우는 거잖아."

오면 반갑고 가면 섭섭하고

　아내와 나, 우리집은 아이들이 제 힘으로 아무것도 못하는 동안 잠깐 빌려 쓰는 둥지일 뿐이었다. 제 부모와 제 집도 마찬가지다. 고작해야 그 시간의 길고 짧음의 차이가 있을 뿐. 나는 혼자 몇 번이고 생각하며 마음을 다졌다. 당연한 헤어짐과 멀어짐이 너무 아프지 않도록.

　아이들이 공식적으로는 우리집을 떠났지만, 우리는 아이들에게 여전히 비상대기조이다. 요즘 부모들의 바쁜 생활은 오롯이 부모의 힘만으로는 아이들을 키워낼 수 없도록 만든다. 돈을 주고 사는 타인들이든 정으로 움직이는 가족들이든 엄마 아빠 외의 누군가가 도와주고 움직여줘야 한다. 에미 애비 둘 다 평일 저녁이나 주말에 바쁜 일이 생기기도 하고, 공교롭게 아이가 그런 시간대에 아프기도 한다.

　아이 키우는 일은 날씨와도 같다. 언제가 될지 모르지만 비는 종종 내리고, 그때 우리는 우산을 펼쳐야 한다. 딸들에게 우리의 존재는 비가 내릴 때를 대비해 비치해놓는 우산과 같다. 비 소식은 며칠 전부터 예고되는 때도 있지만, 갑작스러운 소나기도 있다. 아내와 나도 사회생활이라는 것이 있다. 지인들과의 모임도 있고, 경조사에 가는 날도 있으며, 일년에 몇 번이지만 긴 여행을 떠날 때도 있다. 딸들에게는 미리 주간 월간의 일정을 말해둔다. 그래도 갑작스럽게 이른 새벽이나 늦은 오후에 전화가 걸려올 때가 있다. 그럴 때 사정이 아주 곤란하지만 않다면 우리는 두말없이 출동한다.

딸들이, 나아가서는 사위들이 우리의 이러한 사정을 아예 모르지는 않는다고 생각한다. 그렇지만 우리가 미리 정해둔 일정을 다 내팽개치고라도 가급적 아이 보는 일을 최우선 순위로 해온 속내를 속속들이 알리라고는 기대하지 않는다. 그래도 우리는 개의치 않는다. 정말 급한 상황에서 우리가 도와주지 않는다면 결국은 딸들이 무리를 하게 될 것을 알기 때문이다. 언제나 아이에게 가장 약한 것은 아빠가 아니라 엄마다. 아이냐 그 외의 다른 것이냐 하는 선택의 기로에 서게 되면 딸들은 주저 없이 아이를 선택할 것이다. 중요한 약속을 취소하고 생뚱맞은 휴가를 내야만 할 것이다. 이것이 과연 이기적인 행동인지, 이타적인 행동인지 잘 모르겠다. 조직의 일원으로서 보면 이기적이라고 비난받을 수 있겠지만, 아이와의 관계에서는 지극히 이타적인 것이다. 어쨌든 이런 어려운 결정은 여자들이 주로 해야 하는 모양이다. 따지고 보면 남녀 간에 지극히 불공평한 현상이지만, 아직은 다른

이제 우리는 종종 만나 함께 놀고 대화를 한다.

많은 엄마들처럼 우리 딸들도 그렇게 산다.

다행히 이 비상대기조는 우리 부부만으로 구성되어 있는 게 아니다. 강의시간이 정해져 있는 작은딸보다 매일처럼 직장에 매여 사는 큰딸의 경우가 아침저녁의 돌발상황이 더 많은데, 경모의 친가가 서울에 있으니 그 댁도 실상 대기조에 편성되어 있는 셈이다. 경모 고모도 경모네 집과 직장이 가깝고, 경모 할머니께서도 안팎의 일로 바쁘신 와중에도 손주 일이라면 만사 제쳐놓고 달려오신다. 경모 어린이집과 가까운 곳에 회사가 있는 막내딸도 종종 동원된다.

이렇게 비상대기조원들이 많은 덕분에 경모는 낮 동안의 어린이집 외에는 특별히 남의 손 빌리지 않고 가족들의 네트워크만으로도 충분히 감당하고 돌봐온 것이다. 사실 굳이 하자고만 들면 밤 10시 반까지

가능하다는 어린이집의 야간보육 시스템을 이용하지 못할 바도 아니다. 허나 어린 것이 하루 10시간 이상을 보낸 어린이집에 외롭게 밤중까지 머물게 하고 싶지 않아서 가족들이 다 몸사리지 않고 바쁘게 뛰어다니며 경모를 번갈아 봐주곤 한다.

물론 우리가 '딸들을 대신해서 장렬히 뛰어든다'라는 철저한 희생정신으로만 비상대기조 생활을 하는 것은 아니다. 무엇보다도 아이들을 데려와서 보내는 시간은 우리에게 헛헛함을 풀어주는 즐거움이다. 그래서 일주일 이상 딸들에게 아무런 일이 일어나지 않으면, 은근히 "별 일 없냐?" 물어보며 응급상황을 기대하기도 한다. 아내 말마따나 우리가 손수 키운 이 녀석들을 그래도 한 주에 한 번은 꼭 봐야 갈증이 풀어지는 것 같다.

이제 첫 돌이 다 되어오는 친손자가 부산에서 자라고 있다. 눈에 넣어도 안 아플 듯 어지간히 귀여운 녀석이기는 하지만 지금까지 몇 번 못 보아서 그런지 못 보는 동안 괴로운 느낌은 별로 없다. 며칠 안 보면 견딜 수 없이 보고 싶어지는 건 아무래도 내 손으로 키운 외손자 녀석들이다. 이러니 기른 정이 제일이라고 하지 않던가.

아, 또다시 응급상황이다. 아내와 함께 부리나케 출동한다. 어린이집에 기웃하고 얼굴을 내밀면, 금세 알아보고 환해진 작은 얼굴이 나를 향해 달려온다. "야, 할아버지다!" 와락 달려들어서 끌어안고 콩콩 뛰며 좋아라 한다. 그래, 이 모양을 보자고 왔구나 싶다. 집에 와서 녀석과 한나절을 신나게 같이 논다. 산책도 하고 총싸움도 하고 공놀이도 하고 책도 읽고 같이 TV를 본다. 이윽고 밤이 된다. 녀석의 에미가 데리러 온다. 녀석은 얼른 에미를 따라 나선다. 바쁜 척하며 뽀뽀는 생략하고 싶은 눈치다. 에미가 옆에서 채근을 하지만 나도 녀석의 시들한 뽀뽀는 받고 싶지 않다. 녀석은 어린이집에서 배운 대로, 제법 의젓하게 "할아버지, 안녕히 계세요." 인사를 한다. "다녀오겠습니다." 하던 시절도 있었는데, 나는 혼자 생각한다.

　예전과는 달리 언제 또 만날 것인지 기약이 없다. 그래도 역시 날씨 같겠거니 생각한다. 사는 동안 비는 반드시 온다. 그러면 내가 우산이 되어 가주마. 이 녀석 놀고간 뒷자리가 어수선한만큼 서운하다. 정리하는 건 언제나처럼 내 마지막 임무다. 청소기를 집어든다. 아쉬움을 털고 섭섭함을 빨아들인다. 오늘의 임무는 이걸로 끝이다.

| 에필로그 |

새로운 만남을 준비하며

부산에서 지방근무를 하던 셋째가 작년 9월 16일에 아들을 보았다. 기쁘고 반가웠다. 이름은 재융載瀜으로 지었다. 많은 것을 포용하고 담는 큰 사람이 되라는 뜻이다. 도헌과 경모의 경우와 똑같은 과정을 거쳐 조금도 덜하지 않은 한결같은 정성으로 지은 이름이다. 대를 잇는다는 개념이 그다지 중요하지 않게 된 요즘이지만, 그래도 정씨 성을 받아 대를 이었다는 사실에 흐뭇한 보람을 느낀다. 그토록 애틋하게 손자를 챙기시던 저세상의 할아버지께서 좋아하실 것이다.

두 번 부산으로 내려가서 손자를 보고 왔다. 한 번은 우리 부부끼리, 또 한 번은 딸들과 사위들, 도헌이 경모까지 모두 함께였다. 현재 아들 내외가 다 부산에서 직장에 다니고 있으니, 손자는 도우미와 더불어 아들의 처가 덕을 많이 보고 자란다. 아들의 처가도 첫 손자를

녀석들에게 동생이 생겼다.
가을이면 또 다른 동생이 세상에 나올 것이다.

보았으니 그 아이가 얼마나 예쁘고 귀여우시랴 공감이 된다. 아들은 아이가 서너 살이 될 때까지 지방근무를 할 모양이니, 향후 일가가 서울로 다시 올라오면 녀석이 우리 차지가 될지도 모를 일이다.

큰딸이 둘째를 가졌다는 사실을 알게 된 것이 올해 1월 말의 일이다. 가을의 끝자락에는 또 하나의 어린 생명이 우리에게 다가오는 것이다. 한 아이로는 너무 외로우니 둘째가 있어야 한다는 주변의 종용에도 큰딸은 그간 경모 하나도 키우기 벅차다며 고민에 고민을 거듭했는데, 얼떨결에 몇 년 고민에 종지부를 찍어버린 셈이다.

우리도 도헌이와 경모가 한창 자랄 즈음에는 또 다른 아기 얘기만 나와도 도리질을 하고 손사래를 쳤다. 그런데 녀석들이 슬슬 어린이 티가 나자, 이제는 녀석들에게서 느낄 수 없는 아기의 냄새와 감촉과 울음소리가 그리워졌다. 그때부터 아내는 가끔씩 딸들에게 "혼자는 너무 외롭더라. 둘은 있어야 하지 않겠니?"라며 더 낳으라는 속내를 내보였다. 때마침 경모도 짜기나 한 듯 동생 타령을 시작했다. 어린이집 친구들이 동생 얘기를 하니까, 마치 동생이란 집에 숨겨둔 특별한 장난감이나 선물 같은 것으로 생각했던 모양이다. 이렇게 식구들 사이에 새로운 아기를 받아들일 수 있는 분위기는 무르익어갔다.

"그럼 아이를 또 키우게?" 큰딸의 임신 소식을 전해들은 우리 부부의 지인들이 묻는다. 큰딸도 차마 입이 안 떨어지는지 어떻게 해달라 말라 말이 없다. 예전의 경모처럼 맡겨놓고 우리집에 들락거릴 상황도 아닌 것 같다. 솔직히 지금 이 시점에서 우리가 다시 한 번 아기를 키우겠다는 확고한 의지를 가진 것은 아니다. 나이를 먹어가니 지난해와 올해가 또 다르다. 한번 아기를 맡으면 내리 1~2년은 책임을 져야 하는데, 그때 우리 부부의 상태가 과연 어떨지 가늠을 할 수가 없다.

    그래도 아내와 나는 처음으로 도헌이와 경모를 맡았을 때보다는 고민을 덜 하고 있다. 이번 아기도 키워보겠다고 완전히 결정을 한 것은 아니지만, '어디 닥쳐오면 닥쳐오는 대로 부딪혀보지.' 하는 생각은 있는 것이다.

네가 기억하지 못할 것들에 대하여

첫판 1쇄 펴낸날 2011년 7월 30일

지은이 | 정석희
펴낸이 | 지평님
기획·마케팅 | 김재균
기획·편집 | 김정희
본문 조판 | 성인기획 (070)8747-9616
필름 출력 | 하람커뮤니케이션 (02)322-5459
종이 공급 | 화인페이퍼 (031)955-0135
인쇄 | 중앙P&L (031)904-3600
제본 | 서정바인텍 (031)942-6006

펴낸곳 | 황소자리 출판사
출판등록 | 2003년 7월 4일 제2003-123호
주소 | 서울시 종로구 누상동 10 웰빙하우스 101호 (110-041)
대표전화 | (02)720-7542 팩시밀리 (02)723-5467
E-mail : candide1968@hanmail.net

ⓒ 정석희, 2011

ISBN 978-89-91508-81-1 13370

*잘못된 책은 교환해드립니다.
*이 책의 반품 기한은 2016년 7월 29일까지입니다.